LEGENDEN UM MARTIN LUTHER

Volkmar Joestel

Legenden um Martin Luther

und andere Geschichten aus Wittenberg

SCHELZKY & JEEP BERLIN

Umschlag: Tischrunde bei Martin Luther, Gemälde von Gustav Sprangenberg, 1868

Alle Originale, mit Ausnahme der Werke auf den Seiten 48, 59 und 79, befinden sich in der Lutherhalle Wittenberg. Die Lithographie auf S. 48 stammt aus dem Stadtgeschichtlichen Zentrum Wittenberg, der Kupferstich auf S. 59 aus der Bibliothek des Evangelischen Prediger-seminars Wittenberg, der Cranach-Altar auf S. 79 steht in der Wittenberger Stadtkirche. Das Gemälde der Titelseite befindet sich im Wittenberger Rathaus.
Allen genannten Einrichtungen sei für die Veröffentlichung gedankt.

Fotonachweis:
Fotohaus Barbara, Wittenberg: S. 79
Wilfried Kirsch, Wittenberg: S. 96/97 und Titelbild
alle anderen: Gabriele Joestel

Die Deutsche Bibliothek - CIP-Einheitsaufnahme

Joestel, Volkmar:
Legenden um Martin Luther und andere Geschichten aus Wittenberg / Volkmar Joestel. - Berlin: Schelzky und Jeep, 1992
ISBN 3-923024-57-6

Erstausgabe
1. Auflage 1992

Umschlag: Design 17, Berlin
Lektorat: Tobias Wangermann, Berlin
Herstellung: Oktoberdruck, Berlin

Printed in Germany
ISBN 3-923024-57-6

Inhaltsverzeichnis

Einleitung

IM Jahre des Herrn 1508 kam der junge Erfurter Augustinermönch Martin mit mehreren Klostergenossen nach Wittenberg, um an der nur sechs Jahre zuvor gegründeten Universität den Lehrstuhl für Moralphilosophie zu übernehmen. Er dachte damals wohl nicht im Traume daran, daß diese Stadt sein Schicksal werden und er in ihren Mauern ein Werk beginnen sollte, das die Grundfesten der mittelalterlichen Weltordnung erschüttern und die Tore zur Neuzeit weiter aufstoßen würde. Auch der jungen Universitätsstadt war ihre spätere weltgeschichtliche Bedeutung alles andere als in die Wiege gelegt. Sie war zwar eine der kursächsischen Residenzen, unter wirtschaftlichen Gesichtspunkten betrachtet jedoch nur eine relativ unbedeutende Lokalgewerbestadt mit höchstens 3000 Einwohnern, die zudem an der Peripherie des sächsischen Kurfürstentums lag. Später ließ Martin Luther über seine neue Heimat verlauten: »Wir sitzen allhier zu Wittenberg nur in einer Schindleiche ... Die Wittenberger leben an der Grenze der Zivilisation. Wenn man nur ein wenig weiter gehen würde, käme man mitten in die Wildnis.«[1] Ähnlich abschätzig äußerten sich zuweilen auch manche seiner ebenfalls in die Elbestadt gekommenen Freunde, wie Philipp Melanchthon und Friedrich Myconius.

Mit der Universitätsgründung jedoch war der Keim dafür gelegt, daß Wittenberg binnen weniger Jahre in aller Munde sein sollte, entweder geachtet und bewundert oder voller Entsetzen und haßerfüllt. Denn hier, im Kreise seiner Klostergenossen und Professorenkollegen, andererseits jedoch ganz allein, nur auf Gott und die Heilige Schrift gestellt, reifte in dem jungen Mönch die »reformatorische Erkenntnis«, daß der Mensch vor Gott nur durch dessen Gnade und niemals durch eigene Werke gerecht werde. Dieser Grundgedanke, einmal öffentlich geworden, begann gleichsam ein Eigenleben, drang in alle Lebensbereiche der Menschen ein und veränderte nahezu alle bestehenden Verhältnisse, schuf jedoch auch bis heute andauernde abgrundtiefe Feindschaften und Verwerfungen. Die Auseinandersetzungen um die Reformation wurden in den Augen der Zeitgenossen schon sehr früh zu einem Kampf zwischen Gut und Böse schlechthin, zum Kampf zwischen Gott und Satan.

Solcherart geistige Kämpfe, von den Konfliktparteien häufig unnachgiebig und mit kompromißloser Härte geführt, waren zu allen Zeiten der Nährboden und Urgrund für das Entstehen von Sagen und Legenden, die ihrerseits wiederum zu Mitteln der Polemik wurden. Es nimmt mithin nicht wunder, daß sich auch um die Person Martin Luthers ein schier unerschöpflicher Vorrat an Legenden und Anekdoten rankt. Da der Reformator 38 Jahre lang, bis zu seinem Tode 1546, in Wittenberg lebte, tiefe Freundschaften und familiäre Geborgenheit fand, jedoch auch innere Ängste, Zweifel, Enttäuschungen und Schicksalsschläge durchlebte und erlitt, liegt es auf der Hand, daß die meisten Lutheranekdoten und -legenden mit Wittenberg und seiner Umgebung in Verbindung stehen. Einige wichtige davon, die charakteristisch für die positive oder negative Beurteilung des Reformators sind oder inhaltliche Schwerpunkte des konfessionellen Streits deutlich machen, werden hier vorgestellt. Dabei geht es auch und vordringlich darum, geistesgeschichtliche Ursprünge und Hintergründe der Legenden, Geschichten und Anekdoten aufzudecken, gleichsam einen Blick in die »Werkstatt« der Sagen- und Legendenbildung zu werfen.

Die Latrine – der Ort von Luthers »reformatorischer Entdeckung«?

GOTT war für die mittelalterlichen Menschen, besonders jedoch für tief religiöse wie Martin Luther, ein strenger, fordernder und strafender Richter. Vielfältige Bußübungen verlangte er den Menschen ab, bevor diese des ewigen Heils teilhaftig werden konnten. Im Ringen mit Gott, den der junge Mönch Martin zuweilen regelrecht hassen lernte, fand er schließlich, in seiner Wittenberger Studierstube über dem Römerbrief grübelnd, die Lösung, die sein Gewissen befreite. Luther selbst berichtet 1545 über diese Erkenntnis: »Da erbarmte sich Gott meiner, Tag und Nacht war ich in tiefe Gedanken versunken, bis ich endlich den Zusammenhang der Worte beachtete, nämlich: 'Die Gerechtigkeit Gottes wird in ihm (*im Evangelium - V.J.*) offenbart, wie geschrieben steht: Der Gerechte lebt aus dem Glauben.' Da fing ich an, die Gerechtigkeit Gottes als eine solche zu verstehen, durch welche der Gerechte als durch Gottes Gabe lebt, nämlich aus dem Glauben, und daß dies der Sinn sei: Durch das Evangelium wird die Gerechtigkeit Gottes offenbart, nämlich die passive, durch welche uns der barmherzige Gott durch den Glauben rechtfertigt, wie geschrieben steht: 'Der Gerechte lebt aus dem Glauben.' Da fühlte ich mich wie ganz und gar neugeboren, und durch offene Tore trat ich in das Paradies selbst ein.«[2]

Seit langer Zeit gibt es in der reformationsgeschichtlichen Forschung einen Streit darüber, wann Luther dieses Erlebnis, meist reformatorische Entdeckung genannt, gehabt hat. Nachdem seine frühen Wittenberger Vorlesungen zu Beginn dieses Jahrhunderts aufgefunden wurden, plädierten zunächst die meisten für die sogenannte »Frühdatierung«, also die Zeit zwischen 1513 und 1515. In den letzten Jahren jedoch neigt sich die Waage wohl zugunsten der sogenannten »Spätdatie-

Luther mit der Taube des Heiligen Geistes, Holzschnitt von Hans Baldung Grien, 1521

rung«, die die reformatorische Entdeckung Luthers in die Zeit nach dem Thesenanschlag, zumeist das Frühjahr 1518 legt. Unabhängig davon, für welche Variante sich die einzelnen Wissenschaftler entscheiden, sind sie sich heute weitgehend darüber einig, daß die »reformatorische Entdeckung« letztendlich ein sich über Jahre erstreckender Prozeß mit verschiedenen Stufen war. In Luthers eigener späterer Erinnerung handelte es sich jedoch in der Tat um ein erschütterndes und offenbarungsartiges inneres Erleben, das er in seinem, in einem Klosterturm gelegenen, heizbaren Wittenberger Studierstübchen hatte. In einer lateinischen Tischrede bezeichnete er diese Stätte als »locus«, was nichts anderes bedeutet als »Ort«. An anderer Stelle notierte der Mitschreiber von Luthers Tischreden: »Diese Kunst hat mir der Heilige Geist auf dieser Cloaca auf dem Turm gegeben.«[3] Die antireformatorische Polemik versuchte lange, mit dieser Äußerung Luthers, er habe seine folgenreiche Entdeckung auf dem Abtritt gehabt, die Reformation ins Lächerliche zu ziehen und ihren Begründer zu diskreditieren. Die möglicherweise humorvolle Äußerung über den Ort seiner reformatorischen Entdeckung stachelte in vielfältiger Weise die Phantasie an. Der deutsch-dänisch-nordamerikanische Psychoanalytiker Erik H. Erikson versuchte 1958, den Begriff »Kloake« dergestalt zu erklären, daß eine Erleuchtung immer mit einer Reinigung, einem Abstoßen verbunden sei, was Luther mit seinem drastischen Wort zum Ausdruck gebracht habe. Hingegen wies 1967 der evangelische Kirchenhistoriker Heiko A. Oberman auf die interessante Tatsache hin, daß sich mit dem Begriff Kloake eine feste mittelalterliche Tradition verbinde, derzufolge die Kloake ein beliebter Aufenthaltsort des Teufels oder unreiner Geister sei. Besonders interessant sei die Behandlung dieses Problems beim Kirchenvater Augustin, neben der Bibel eine entscheidende Autorität für Luther. Er berichtet, daß einer seiner Schüler auf der »Kloake« einen Psalmvers gesungen und damit die Entrüstung der Mutter des Kirchenvaters hervorgeru-

Luthers Wittenberger Wohnhaus mit dem im 18. Jh. beseitigten Eckturm, Ausschnitt aus einem Kupferstich von F. B. Werner, 1750

fen habe. Augustin verteidigte nun den Schüler mit der Bemerkung, ein Gebet sei diesem Ort durchaus angemessen, da es in den Psalmen ja gerade um die Befreiung vom Schmutz des fleischlichen Lebens gehe. Zunehmend entwickelte sich eine symbolische Bedeutung: »Kloake« wurde mit Sünde gleichgesetzt. Diese Tradition habe Luther aufgenommen, sie jedoch umgeformt: die »Kloake« als Ort der Anfechtung, den es entsprechend mittelalterlichen Vorstellungen zu fliehen gelte, sei gerade der Ort, an dem der Geist Christi wirke.

Spekulationen über die bauliche Gestaltung des Turmes gibt es verschiedene: Ihnen zufolge habe Luthers Studierstube in der 2. Etage gelegen, über eine im Turm befindliche Wendeltreppe zu erreichen. Die Latrine hätte dann entweder, was aus Platzgründen wohl unwahrscheinlich ist, neben der Studierstube oder eine Etage tiefer liegen müssen. Endgültig lassen sich diese Fragen wohl nicht mehr klären, denn der Turm ist im 18. Jahrhundert abgerissen worden. Er mußte im Siebenjährigen Kriege militärischen Befestigungsanlagen weichen. Schon zu Lebzeiten hatte Luther den Abriß dieses Turmes, aus dem er nach eigenen Worten »das Papsttum gestürmet«[4] habe, befürchtet. Nachdem man viele Jahre vergeblich versuchte, Lage und Form des Turmes zu rekonstruieren, und ihn an der südlichen Seite der westlichen Giebelfront lokalisierte, gelang es schließlich im Jahre 1982, in der 1. Etage des Lutherhauses einen ehemaligen Zugang zu diesem Turm freizulegen, der heute in der Lutherhalle zu besichtigen ist. Bei Bauarbeiten hinter dem Lutherhaus stieß man 1991 auf einen unterirdischen Gang, der vom Keller des Hauses nahe des ehemaligen Turms nach Süden verläuft und in dem eine Wasserleitung aus Eichenholz aufgefunden wurde. Wenngleich dieser Gang aufgrund seiner Lage wohl nicht in direkten Zusammenhang mit dem Turm gebracht werden kann, lassen sich weitere Überraschungen bei wünschenswerten archäologischen Grabungen auch in bezug auf Lage und Struktur des ehemaligen Klosterturms nicht ausschließen.

Der Raub des Tetzelkastens

SEIT etwa 1514 war Luther nicht nur Mönch und Universitätsprofessor, sondern auch Prediger, also Seelenhirte, an der Wittenberger Stadtkirche. Im Frühjahr 1517 erlebte er immer häufiger, daß die Wittenberger der Beichte fernblieben und stattdessen in die auf brandenburgischem bzw. anhaltinischem Gebiet liegenden Städte Jüterbog und Zerbst strömten, um sich sowohl von ihren Sündenstrafen als auch von den Sünden selbst durch den Erwerb von Ablaßzetteln des Dominikaners Johann Tetzel freizukaufen. Danach wollten sie sich ohne jede Reue und Besserung von Luther absolvieren lassen. Das traf den Beichtvater im Innersten, hatte er sich doch in einem qualvollen Prozeß zu der Auffassung durchgerungen, daß man als Sünder Gott lieben und deshalb Leid und Reue über seine Sünden ein Leben lang tragen müsse. Einer solchen Auffassung zum Hohne versprach die Kirche nun, daß man sich mit Geld von dieser einzig möglichen christlichen Existenzweise freikaufen könne.

Zur Initialzündung für die Reformation sollte der Streit um den Ablaß werden. Dieser hatte sich in einem jahrhundertelangen Prozeß im Zusammenhang mit dem Bußsakrament herausgebildet, ohne daß je eine dogmatische Fixierung durch die Kurie erfolgt wäre. Der Sünder mußte bereuen, dies durch die Beichte vor dem Priester kundtun, um von diesem die Absolution und eine auferlegte Buße, d.h. Sündenstrafe zu erhalten. Diese Strafe konnte man nun durch eine Ablaßzahlung tilgen. Dem lag die alte Vorstellung zugrunde, daß die Kirche durch Christi und der Heiligen Leiden einen unendlichen »Schatz der Kirche« angehäuft habe. Kurie und Bischöfe verteilten nun an kirchliche Institutionen wie Stifte und Klöster Ablaßbriefe mit dem Recht, aus diesem Schatz Ablässe für Sündenstrafen zu verkaufen.

Zum Stein des Anstoßes wurde der sogenannte Petersablaß, den Papst Julius II. im Jahre 1507 ausgerufen hatte, um den

Ablaßprediger Johann Tetzel, Kupferstich, 1744

1505 begonnenen Neubau des Petersdoms in Rom fertigstellen zu können. Den Vertrieb dieses Ablasses in Deutschland übertrug Papst Leo X. 1515 dem Hohenzollernprinzen Albrecht. Dieser wiederum war 1513 Bischof von Magdeburg und Administrator des Bistums Halberstadt und 1515 sogar

Erzbischof von Mainz geworden. Für diese eigentlich unerlaubte Pfründenhäufung mußte er Gelder in Höhe von 29.000 Gulden an die Kurie in Rom zahlen. Dazu hatte er einen Kredit bei den reichen Fuggern in Augsburg aufgenommen. Aus den einzunehmenden Ablaßgeldern sollte die eine Hälfte nach Rom zum Bau von St. Peter weitergeleitet werden, und die andere Hälfte, über 36.000 Gulden, sollte der Kardinal zur Begleichung seiner Schulden bei den Fuggern behalten dürfen. Albrecht nun ließ für seine Unterkommissare eine Instruktion erarbeiten, die »Instructio summaria«. Auf deren Grundlage zog in den magdeburgischen und brandenburgischen Gebieten nördlich von Wittenberg der berüchtigte Dominikaner Johann Tetzel durch die Städte und Dörfer und bot marktschreierisch Ablaß feil. Bald waren allenthalben, sicher übertriebene Gerüchte über ihn im Umlauf. Es hieß, man könne bei Tetzel auch Ablaß für die Sünden schon Verstorbener erlangen. Und wer wollte schon verstorbene Verwandte oder Bekannte im Fegefeuer schmoren lassen, wenn man ihnen mit der Zahlung einer bestimmten Summe den Weg ins Paradies öffnen konnte? Ja, in blasphemischer Weise hieß es sogar, Tetzel könne die Sünde der Vergewaltigung der Gottesmutter Maria mittels Ablaß vergeben. Auch hieß es, der Dominikaner verkaufe Ablaß für Sünden, die man noch gar nicht begangen habe, sondern erst in der Zukunft begehen würde. War das nicht die beste Lebensversicherung, die man sich vorstellen konnte?

Im Zusammenhang mit der letzteren Anmaßung Tetzels wurde folgende Anekdote überliefert. In einer moorigen Niederung im nördlichen Fläming liegt bei Jüterbog das Dorf Stülpe, benannt nach der gleichnamigen Burg. Im Jahre 1517 lebte dort der Ritter Christoph Haake von Stülpe, ein verarmter und verschuldeter Adliger, dessen Hof völlig heruntergekommen war. Verhandlungen in Jüterbog mit dem Hauptgläubiger, dem dortigen Zisterzienserinnenkloster, brachten für Haake keine Lösung. Jedoch erlebte er in der Stadt den Rummel um

Tetzels Ablaßverkauf. Das viele in den großen eichenen Ablaßkasten fließende Geld regte seine Phantasie an.

Als Tetzel schließlich Jüterbog in Richtung des Klosters Zinna verließ, wurde er in einem sumpfigen Gelände von einem Ritter und seinen Knechten eingeholt und überfallen. In höchster Erregung und Wut rief Tetzel dem Räuber zu: »In Ewigkeit verflucht und verdammt sollt ihr sein!« Der Ritter öffnete sein Visier und siehe da, es erschien das lachende Gesicht Haakes, der Tetzel klarmachte, daß dieser selbst ihm am Vortage für 50 Gulden Ablaß für einen Raubüberfall verkauft habe und er somit der Sünde ledig sei. Nachdem der lachende Ritter den wütenden Mönch mit seinen Pferden und Knechten in den Wald gejagt hatte, erbrach er den Ablaßkasten und verschwand mit Tetzels Schätzen. Auf der Straße zwischen Jüterbog und Luckenwalde wird in der Nähe einer Brücke noch heute der Ort dieses Überfalls lokalisiert. Nach der einen Überlieferung soll der heute noch in der Nikolaikirche in Jüterbog zu besichtigende große eichene Kasten der Tetzelsche Ablaßkasten sein. Nach einer anderen Überlieferung sei Tetzels Truhe aus dem Besitz derer von Haake durch mehrmalige Vererbungen in den Besitz des Prinzen Friedrich Karl von Preußen gelangt, der sie dem Märkischen Museum in Berlin schenkte, wo sie allerdings seit 1945 als Kriegsverlust gilt.

Ähnliche Anekdoten sind, mannigfaltig variiert, in vielen Gebieten Deutschlands überliefert. In dem märkischen Dorfe Flechtingen bei Salzwedel soll der Ritter Bernhard von Schenk Tetzel auf gleiche Weise beraubt haben. Dieser Ablaßkasten befindet sich heute in der Kirche in Flechtingen. Im Braunschweigischen sei der Ablaßprediger auf seinem Wege nach Königslutter, östlich des Dorfes Dobbeln, auf der heute noch so genannten Ablaßwiese überfallen worden, diesmal nicht von einem Ritter, sondern von einem Schlachtergesellen. Im 17. Jahrhundert habe man an dieser Stelle viel Geld gefunden, jedoch nur aus Blech. In der Gegend zwischen Schöppenstedt

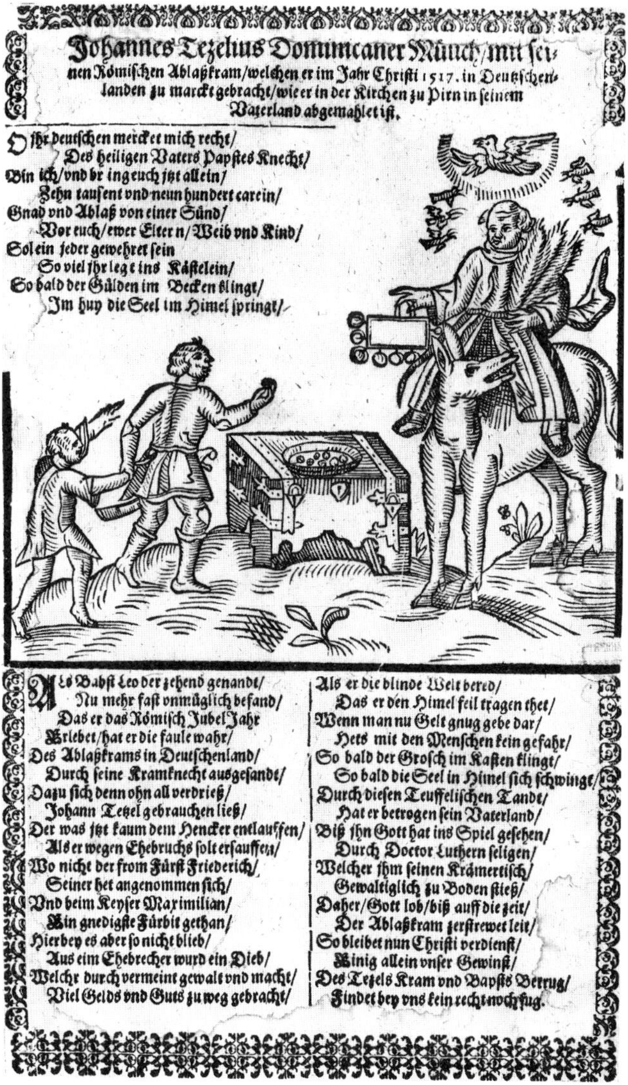
Johannes Tetzelius Dominicaner Münch/mit seinen Römischen Ablaßkram/welchen er im Jahr Christi 1517. in Deutschenlanden zu marckt gebracht/wie er in der Kirchen zu Pirn in seinem Vaterland abgemahlet ist.

O ihr deutschen mercket mich recht/
Des heiligen Vaters Papstes Knecht/
Bin ich/vnd br ing euch jtzt allein/
Zehn tausent vnd neun hundert carein/
Gnad vnd Ablaß von einer Sünd/
Vor euch/ewer Elter n/Weib vnd Kind/
Sol ein jeder gewehret sein
So viel jhr leget ins Kästelein/
So bald der Gülden im Becken klingt/
Im hup die Seel im Himel springt/

Als Babst Leo der zehend genandt/
Nu mehr fast vnmüglich befand/
Das er das Römisch Jubel Jahr
Erlebet/hat er die faule wahr/
Des Ablaßkrams in Deutschenland/
Durch seine Kramknecht ausgesandt/
Dazu sich denn ohn all verdrieß/
Johann Tetzel gebrauchen ließ/
Der was jtzt kaum dem Hencker entlauffen/
Als er wegen Ehebruchs solt ersauffen/
Wo nicht der from Fürst Friederich/
Seiner het angenommen sich/
Vnd beim Keyser Maximilian/
Ein gnedigste Fürbit gethan/
Hierbey es aber so nicht blieb/
Aus eim Ehebrecher wurd ein Dieb/
Welchr durch vermeint gewalt vnd macht/
Viel Gelds vnd Guts zu weg gebracht/
Als er die blinde Welt bered/
Das er den Himel feil tragen thet/
Wenn man nu Gelt gnug gebe dar/
Hets mit den Menschen kein gefahr/
So bald der Grosch im Kasten klingt/
So bald die Seel in Himel sich schwingt/
Durch diesen Teuffelischen Tandt/
Hat er betrogen sein Vaterland/
Biß jhn Gott hat ins Spiel gesehen/
Durch Doctor Luthern seligen/
Welcher jhm seinen Krämertisch/
Gewaltiglich zu Boden stieß/
Daher/Gott lob/biß auff die zeit/
Der Ablaßkram zerstrewet leit/
So bleibet nun Christi verdienst/
Einig allein vnser Gewinst/
Des Tetzels Kram vnd Bapsts Betrug/
Findet bey vns kein recht noch fug.

Tetzels Ablaßverkauf (antirömisches Spottbild), Holzschnitt, 1617 und Königslutter ist heute noch ein »Tetzelstein« zu sehen. Den überlieferten geraubten Ablaßkasten kann man im Städtischen Museum Braunschweig besichtigen. Ebenfalls in der Umgebung Leipzigs soll ein Überfall auf Tetzel stattgefunden haben, wobei als Schlichter des folgenden Rechtsstreits sogar Herzog Georg von Sachsen, auf dessen Territorium Leipzig lag, genannt wird. Selbst im entfernten Pommern weiß man von einem Überfall auf Tetzel zu erzählen. In der Tat sind dort einmal Ablaßhändler beraubt worden, und zwar in der Kirche zu Freienwalde, wo sie ihren Ablaßkasten untergestellt hatten.

Obwohl die Anekdoten in detailliertester Weise den Hergang schildern, Personen und Orte genau benennen, ist die verblüffende Feststellung zu machen, daß sie keinerlei realen historischen Hintergrund haben. Es handelt sich nämlich um eine typische »Wanderlegende«, die sich ursprünglich in keiner Weise auf Tetzel, sondern auf einen ungenannten Ablaßprediger des 15. Jahrhunderts in Italien bezieht. Um 1500 berichtet der Mailänder Franziskaner Bernardinus de Busti die Anekdote und verlegt sie in die Gegend von Mailand in die Zeit zwischen 1450 und 1466. Ein Ablaßprediger zog durch die Diözese Mailand und versprach Ablaßbriefe auch für zukünftige Sünden. Einer kaufte daraufhin einen Ablaßbrief für eine »große Sünde« für einen Dukaten, lauerte anschließend dem Ablaßprediger auf und beraubte ihn. Der Räuber, vor das Gericht des Herzogs gestellt, erklärte diesem den Verlauf, worauf der Herzog in Gelächter ausbrach, den Angeklagten freiließ und den Ablaßprediger davonjagte. Diese Anekdote verbreitete sich schnell und gelangte auch nach Deutschland, ohne zunächst mit Tetzel in Verbindung gebracht zu werden. In einer Druckschrift von 1522 berichtet der Elsässer Franziskaner Johannes Pauli, in Deutschland sei eine ebensolche Sache passiert, Orte und Namen nennt er jedoch keine. Der »Räuber« der italienischen Legende wurde nun jedoch zum deutschen Edelmann.

Ernst Kroker beschrieb 1929 einen handschriftlichen Text

auf dem Vorsatzblatt eines Lutherdruckes aus dem Jahre 1518, das seit 1917 im Besitz der Wittenberger Lutherhalle gewesen sein sollte. Dort jedoch ist das Blatt nicht nachweisbar. Es handelt sich um die Abschrift des Briefes eines frommen Geistlichen aus Frankfurt/Oder an seinen in Wittenberg lebenden Freund. Der Frankfurter berichtet hier eine ähnliche Legende: »Einige erzählen, ein Ablaßprediger habe den Ablaßbriefen so viele Gewalt gegeben, daß er gesagt hätte, auch wenn er einen von etwas zukünftigem losspräche, so wäre es in Ordnung, wenn nur nicht ein Mord daraus folgte. Das hörte einer, kam zu dem Ablaßprediger, um nicht zu sagen zu diesem Windbeutel, und sprach: Vater, ich komme zur Beichte. Ich habe Euch schon dreimal gesucht und freue mich, Euch zu beichten. Ich habe nämlich den Vorsatz, einem einen ausgesuchten Streich zu spielen, und das kann und will ich nicht lassen; ich möchte mir doch aber auch einen so reichen Ablaß nicht entgehen lassen. Deshalb bitte ich, Vater, sprecht mich los; ich bin bereit, Euch zu geben, was Ihr auch verlangt. Was willst Du geben? fragte jener, siehe aber zu, daß Du auf niemands Tod sinnest, sonst würdest Du Dich gegen eine so vollständige und heilige Gnade unbesonnen vergehen. Jener schwört, er wolle nichts tun, was zu jemands Tod führen könnte. Darauf sagte der Prediger: So sollst Du mir zehn Dukaten geben. Sofort bezahlte er zehn. Er hätte vielleicht hundert bezahlt, wenn er sie verlangt hätte. Er fügte hinzu: Aber ich verlange auch einen Ablaßbrief. Der Prediger gab ihm den Ablaßbrief, mit dem Zusatz: Wenn er keines Menschen Tod im Sinne hätte. Darauf lauerte jener zu gelegener Zeit dem Ablaßprediger auf, als er fortziehen wollte, und mit einigen Genossen plünderte er ihn vollständig aus und nahm ihm das ganze Ablaßgeld. Als nun der Prediger über Gewalt schrie und sagte, der Räuber sei der höchsten Exkommunikation verfallen und könne niemals davon losgesprochen werden, da antwortete dieser: Guter Bruder, ich hab Deinen Brief. Ich bin schon losgesprochen. Ich hab Dir zehn Dukaten für die Lossprechung gegeben. Das genügt mir. Ich hab Dir gesagt, daß ich einem einen Streich spielen will. Was geht mich das weiter an? Du wirst ausgelacht. Du hättest klüger sein sollen. Sicherlich, wenn Du hundert verlangt hättest, hätte ich sie Dir gegeben. So verlor jener Prediger sein Eigentum, während er fremdes an sich zu reißen gedachte. Das ist und war ihre Art. Aber Gottes Gericht über ihn ist recht. Möge es jedem einzelnen so ergehen! Das konnte ich Dir nicht verschweigen. Leb wohl. Geschrieben mit eigner Hand.«[5] Der Text selbst nennt keine Namen. Die Überschrift jedoch, von dem Kopisten allerdings erst nachträglich über den Text geschrieben, erklärt: »Eine Geschichte aus dem Jahre des Herren 1518 von einem Bruder des Predigerordens dem Ablaßprediger Johann Tetzel, damals Baccalaureus der Theologie«. Offensichtlich also hatte der Frankfurter Briefschreiber nur die aus Italien stammende mündliche Überlieferung gekannt. Erst im Kreise des Wittenberger Empfängers hat man die Anekdote auf Tetzel bezogen. In dieser Fassung verbreitete sich die Legende von Wittenberg aus in alle Himmelsrichtungen. Der Leipziger Schwankdichter Valentin Schumann verlegte sie 1559 in die Gegend zwischen Berlin und Pommern. Auch Luthers Freund Philipp Melanchthon war die Anekdote geläufig und er erzählte sie sowohl in seinen Vorlesungen als auch in seinen Tischgesprächen. Es gibt davon zwei Mitschriften von Schülern. Einer von ihnen, Johannes Manlius, berichtet 1562 erstmals, daß der Räuber ein Ritter gewesen sei. Melanchthon lokalisiert die Begebenheit noch ziemlich unbestimmt »nicht weit von hier«. Weitere Ausschmückungen erfuhr die Sage 1581 durch Paul Seidel in seiner »Historia Lutheri«, der jedoch ebenfalls noch keine Angabe über die Örtlichkeit macht. Als erster legte 1598 Andreas Angelus in seinen Annalen der Mark Brandenburg die Beraubung Tetzels in die Gegend von Jüterbog, »auf der Heide zwischen Jüterbog und Trebbin«. Diese erstmalige Lokalisierung in Deutschland wurde von der märkischen Sage festgehalten. Der Name Haakes von Stülpe jedoch taucht erst 1707 in einer Wittenber-

Ritter Haake von Stülpes Überfall auf Tetzel, Lithographie, 19. Jh.

ger Dissertation über Tetzels Leben von Gottfried Hecht auf. Hecht habe in einem Exemplar von Seidels Buch die handschriftliche Bemerkung gefunden: »D.u.H.vff St.«, die er folgendermaßen auflöste: »Dominus (Herr) von Hacken vff Stülpe«. In der Tat saßen zu Hechts Lebzeiten auf Stülpe die von Haake. Für eine Beraubung Tetzels waren sie jedoch völlig ungeeignet, da die Familie das Dorf Stülpe erst 1537 erworben hatte. In der Fassung von Hecht jedenfalls hat die Sage bis auf den heutigen Tag überlebt und findet sich in vielen deutschen Sagenbüchern. Anhand dieses schönen Beispiels konnte man einmal plastisch erleben, wie historische Anekdoten, Örtlichkeiten und Personen unterschiedlichster Zeiten und unterschiedlichster Territorien durch zufällige Kombinationen zu völlig neuen Sachverhalten verbunden wurden.

Luthers Thesenanschlag am 31. Oktober 1517 – Wahrheit und Legenden

GEGEN den zunehmenden Mißbrauch des Ablaßwesens verfaßte der Distriktsvikar seines Ordens, Universitätsprofessor und Stadtkirchenprediger Martin Luther 95 Thesen. Am 31. Oktober 1517 wandte er sich brieflich an seine kirchlichen Vorgesetzten, Bischof Hieronymus Schulze von Brandenburg und Erzbischof Albrecht von Magdeburg, der Tetzel mit dem Ablaßverkauf beauftragt hatte. Erhalten ist nur der Brief an Albrecht. Offenbar »unter Furcht und Zittern und Gebet« (Martin Brecht) geschrieben, läßt er zumindest ahnen, daß sich Luther der Brisanz des angesprochenen Problems bewußt war. Er äußerte die Hoffnung, daß der Bischof dem praktizierten Ablaßmißbrauch ein Ende bereiten möge und legte dem Brief seine 95 Thesen bei. Seit Luthers Tode nun galt es als selbstverständliche Tatsache, daß er diese am gleichen Tage an die Tür der Wittenberger Schloßkirche angeschlagen und damit zu einer wissenschaftlichen Disputation an der Universität aufgerufen habe. Noch 1925 beschrieb der lutherische Kirchenhistoriker Heinrich Boehmer den Vorgang recht plastisch: »Keinem zeigte er auch vorher das Plakat mit den 95 Thesen über die Heilskraft der Ablässe. Niemand in Wittenberg ahnte daher, was er im Schilde führte, als er am 31. Oktober 1517 Sonnabend vor Allerheiligen, mittags kurz vor 12 Uhr nur von seinem Famulus Johann Schneider gen. Agricola aus Eisleben begleitet, vom Schwarzen Kloster nach der etwa eine Viertelstunde entfernten Schloßkirche ging und dort an der nördlichen Eingangstür, die vor den großen Festen schon oft zu dem gleichen Zwecke benutzt worden war, das Plakat mit den 95 Thesen anschlug...«[6]

Bis in die jüngste Zeit gehörte die Kenntnis dieser spektakulären Tat geradezu zum Bildungskanon. Besonders im 19. Jahrhundert beflügelte der Vorgang die Phantasie der Künstler. 1961 jedoch trat der katholische Lutherforscher Erwin Iserloh mit der sensationellen Behauptung an die Öffentlichkeit, der Thesenanschlag gehöre ins Reich der Legenden. Dies schlug wie eine Bombe ein, war dieses Ereignis doch jahrhundertelang als Symbol des Protestantismus gefeiert worden. Die ausgelöste intensive Diskussion war bis auf den heutigen Tag nicht in der Lage, das Problem zweifelsfrei zu lösen. Die Hauptargumente Iserlohs und seiner zahlreicher werdenden Schar von Anhängern waren folgende. Erstmals überhaupt wurde der »Thesenanschlag« in einer erst nach Luthers Tode erschienenen kurzen Biographie des Reformators aus der Feder Philipp Melanchthons erwähnt. Melanchthon jedoch kann kein Augenzeuge gewesen sein, da er erst im Jahre 1518 nach Wittenberg gekommen ist. Aus Luthers Lebzeiten gibt es also weder ein Zeugnis aus dem Munde des Reformators selbst, noch aus dem seiner Zeitgenossen, das einen »Thesenanschlag« auch nur erwähnt. Fest stehe außerdem, daß Luther seine Thesen am 31. Oktober mit der Bitte an seine kirchlichen Vorgesetzten gesandt habe, die Mißbräuche des Ablasses abzustellen. Eine gleichzeitige Veröffentlichung der Thesen in Wittenberg ohne ein Abwarten der Antworten der Bischöfe wäre einer bewußten Provokation der kirchlichen Hierarchie gleichgekommen. Das jedoch könne man dem Luther des Jahres 1517 mitnichten unterstellen, da er sich noch ganz und gar als gläubiges und treues Glied der Papstkirche verstanden habe.

Diejenigen Wissenschaftler, die die Faktizität des Thesenanschlags verteidigen, betonen, daß laut Universitätsordnung Thesen zu den regelmäßigen Zirkulardisputationen durch den Pedell an die Tür der Schloßkirche, die gleichsam als »schwarzes Brett« galt, angeschlagen worden seien. Wenngleich Luthers Thesen nicht einer solchen Zirkulardisputation galten, sei es doch zumindest naheliegend, daß er sich als Universitätsprofessor auch dieser Verfahrensweise bedient

Luthers Thesenanschlag, Stahlstich von Langer (Ausschnitt), 19. Jh.

Die Schloßkirche mit »Thesentür« (Mitte), Holzschnitt von Lucas Cranach d.Ä., 1509

habe. Für einen Professor sei zudem die Diskussion theologischer Thesen kein Bruch kirchlichen Rechts. Außerdem sei von keinem der 1546 noch lebenden zahlreichen Zeitzeugen gegen die Darstellung Melanchthons Widerspruch erhoben worden.

Im Zusammenhang mit dem »Thesenanschlag« geisterte immer wieder ein Wittenberger Urdruck der Thesen durch die Literatur. Ein solcher Urdruck, den Martin Luther dann auch an die Tür der Schloßkirche geschlagen haben soll, konnte bis auf den heutigen Tag nicht gefunden werden. Jedoch fand man zu Beginn der achtziger Jahre in der Herzog-August-Bibliothek Wolfenbüttel einen von Helmar Junghans zwar behaupteten, aber bis dato unbekannten Druck von Luthers Disputationsthesen gegen die scholastische Theologie vom September 1517, und zwar aus der Wittenberger Universitätsdruckerei des Johannes Rhau-Grunenberg. Dieser sensationelle Fund bestärkte natürlich auch die Hoffnungen, wenigstens irgendwelche Hinweise auch auf einen Wittenberger Urdruck der Ablaßthesen zu finden, bis heute jedoch ohne Ergebnis.

Wenngleich der Streit selbst nicht entschieden werden konnte, hat er die Lutherforschung doch ungeheuer bereichert. Der Historiker Konrad Repgen zählte ihn 1979 zu einer der beiden wesentlichen Debatten zur Geschichte seit 1945. Fest steht hingegen, mit oder ohne Thesenanschlag, daß es weder in Wittenberg, noch an anderer Stelle eine öffentliche Disputation über Luthers Thesen gegeben hat.

Die mit ihrer Veröffentlichung ausgelösten religiösen Auseinandersetzungen der Reformation erlangten schnell die grundsätzliche Ebene des Kampfes zwischen Gott und Satan bzw. zwischen Christ und Antichrist. So ziemlich alle religiösen, ideologischen und moralischen Gegensatzpaare waren schon sehr zeitig ausgeprägt. Auf der einen Seite wurde Luther das Symbol des Guten schlechthin, Bruder und Mitapostel Christi, Werkzeug Gottes, Daniel, neuer Paulus, Engel der Offenbarung, Retter der Christenheit und deutscher Herkules, auf der anderen Seite falscher Prophet, ja Antichrist, Ausgeburt des Satans, Erzketzer, Verführer, Verderber der Christenheit und als neuer Catilina Vater allen Aufruhrs wider die von Gott gesetzten Obrigkeiten. Interessanterweise waren schon in der frühesten Lutherverehrung alle wesentlichen Elemente der alten, von Luther ja selbst entschieden abgelehnten Heiligenverehrung vorhanden. Ein wichtiges Element ist die Tatsache, daß Heilige Vorbilder haben, die auf ihr künftiges Wirken hindeuten. Luther selbst hat auf einen solchen Vorläufer, nämlich Jan Hus, hingewiesen. 1531 schrieb er: »S. Johannes Hus hat von mir geweissagt, da er aus dem Gefängnis im Böhmerland schreibt: Sie werden jetzt eine Gans braten (denn Hus heißt eine Gans); aber über hundert Jahren werden sie einen Schwan singen hören, den sollen sie leiden. Da soll's auch bei bleiben, ob Gott will.«[7] In einer Tischrede vom Frühjahr 1533 äußerte Luther: »So hat sich Hus' und meine Sache gehoben über dem Ablaß zu St. Peterskirchen. Anno 1415 ist er getötet worden. Hat's nur zwei Jahre getrieben. Nach hundert Jahren, sagte er, werdet Ihr's hören müssen und werdet's nicht können wehren.«[8] 1541 schrieb der Reformator, daß Jan Hus, der als sein Vorläufer bezeichnet werde, geäußert habe: »Über hundert Jahre sollt Ihr Gott und mir antworten. Auch, sie werden eine Gans braten (Hus heißt Gans). Es wird ein Schwan nach mir kommen, den werden sie nicht braten. Und ist also geschehen. Er ist verbrannt, Anno 1416. So ging dieser jetzige Hader an mit dem Ablaß, Anno 1517.«[9]

Diese Bemerkungen Luthers gehen auf authentische Aussagen von Jan Hus und seinem Gefährten Hieronymus von Prag zurück. In seinem zweiten Brief aus Konstanz an die Prager vom November 1412 weist Jan Hus an zwei Stellen auf kommende Nachfolger hin. Seinem Namen entsprechend bezeichnet er sich als zahme Gans, die zu größeren Leistungen nicht fähig sei, während andere Vögel mit höherem Fluge die Fallstricke der Feinde zerreißen werden. Statt einer schwachen Gans sollen scharfsichtige Falken und Adler durch die Gnade Gottes die Gemeinde der Getreuen an sich reißen und festigen. Ein Jahr nach Hus' Tod am 6. Juli 1415 erlitt sein Schüler Hieronymus von Prag das gleiche Schicksal. Am 26. Mai 1416 wurde er verbrannt. Nach einem Bericht eines Zeitgenossen habe er seinen Richtern vorher zugerufen, daß sie ihm nach hundert Jahren vor Gottes Stuhl Rechenschaft zu geben hätten. Bald wurde die Zeitangabe der hundert Jahre Hus selbst in den Mund gelegt. Die Aussprüche beider wurden erst nach Luthers Tode, im Jahre 1558, gedruckt. Luther kann sein Wissen also nur in mündlicher oder brieflicher Form erfahren haben. Erstmals hatte er Jan Hus als einen seiner Vorgänger auf der Leipziger Disputation im Jahre 1519 bezeichnet. Unmittelbar darauf traten böhmische Utraquisten mit ihm in brieflichen Kontakt. Ob diese Luther mit dem kommenden Schwan identifizierten oder ob Luther das selbst tat, bleibt unklar. Dafür, daß Luther es selbst getan hat, spricht immerhin folgende Analogie. Der schwärmerische Eisenacher Franziskaner Johann Hilten hatte vor 1500 das Sinken der Macht des Papstes für die Jahre 1514 oder 1516 prophezeit. Dabei verwies er auf einen Nachfolger für Jan Hus und sich. Diese Prophezeiungen waren Luther bekannt und er bezog sie auf sich selbst. Interessant ist auch, daß die Gegenüberstellung von Gans und Schwan sich sowohl in der klassischen Dichtung des Altertums, z.B. bei Vergil, aber auch in alten deutschen Mythen und Sagen findet. Luther selbst waren diese Vergleiche bekannt. In seinem Brief zur Ablaßproblematik an Leo X. vom Jahre 1518 bezeichnet er sich als Gans unter Schwänen, womit er die Humanisten meinte. Dichter als singende Schwäne zu bezeichnen, war gleichfalls eine Tradition des Altertums, die immer wieder, später z.B. von Goethe, aufgenommen wurde. Diese Zusammenhänge mögen der Hintergrund dafür sein, daß die von Jan Hus genannten Falken und Adler später in einen singenden Schwan verwandelt wurden. 1537 übernahm Johannes Agricola das Bild Luthers. Ins Bewußtsein breiterer Bevölkerungsschichten drang es jedoch erst durch die Rezeption in Michael Coelius', Justus Jonas' und Johannes Bugenhagens Leichenpredigten auf Martin Luther 1546, die eine weite Verbreitung im Druck erfuhren. Noch größere Verbreitung erfuhr der Vergleich Hus-Luther in der Lutherbiographie aus der Feder des Johannes Mathesius vom Jahre 1566. Wir finden auch eine interessante antireformatorische Umdeutung. Der katholische Polemiker Johann Nas schrieb 1568, ein Schwan sei außen weiß und innen schwarz. Inwendig also sei Luther ein reißender Wolf, der viele Fische, also St. Petri Herde, frißt. In der lutherischen Orthodoxie wurde schließlich die Identifizierung des Reformators mit einem Schwan ein feststehendes Bild. Auf vielen Abbildungen des 17. und 18. Jahrhunderts wird Luther mit einem Schwan dargestellt. Das Gemälde des stehenden Luther mit Schwan in der Hauptkirche St. Petri in Hamburg aus dem Jahre 1603 von Jacob Jacobsen ist das Urbild dieses fortan häufig dargestellten Typus. Ein Sterbebild Luthers von 1546, vorhanden im Germanischen Nationalmuseum Nürnberg, umgibt ein langes Gedicht. Es heißt u.a.: »Er ist der rechte David zwar – hat uns gesungen lieblich klar – Gottes Wort an allem End – im Geist von Johann Hus erkennt – daß er sollt sein der weiße Schwan – der lieblich sollt singen fortan...«[10] Die älteste bildliche Anspielung auf die Legende findet sich auf zwei Medaillen aus dem Jahre 1601, die aus Anlaß des in Wittenberg erfolgten Übertritts des Prager Mönchs Gottfried Rabe zum lutherischen Glauben geprägt wurden. Die Vorderseite zeigt eine Gans, einen Schwan und einen Raben, die Rückseite enthält Reimsprüche auf die Gans zu Konstanz, den Schwan zu Worms und den Raben zu Wittenberg. In Luthers Eislebener Geburtshaus ist ein 67 Zentimeter hoher, aus Lindenholz geschnitzter Schwan zu sehen, der 1693 erstmals beschrieben wurde. Lange Zeit hieß es, Luther selbst habe diesen Schwan als Schreib- und Lesepult benutzt. Jedoch sind wirkliches Alter dieser Schwanenfigur sowie seine Funktion umstritten.

Die lutherische Orthodoxie stilisierte den Reformator geradezu zum neuen Heiligen und gottgesandten Wesen. Den Thesenanschlag und den Vergleich Hus-Luther zusammenfassend, entstand in der zweiten Hälfte des 16. Jahrhunderts eine neue Legende, die schließlich im Jubiläumsjahr des Beginns der Reformation 1617 in einem Kupferstich bzw. einem Holzschnitt auch erstmals künstlerische Würdigung erfuhr. Es handelt sich um den sogenannten Traum Kurfürst Friedrichs des Weisen in der Nacht vor dem Thesenanschlag. Gott habe dem Kurfürsten einen Mönch geschickt, der St. Paulus' natürlicher Sohn gewesen sei und als Zeugen seiner göttlichen Herkunft alle Heiligen als Begleiter hatte. Er bat im Namen Gottes um die Erlaubnis, etwas an die Schloßkirchentür schreiben zu dürfen. Die Schrift sei so groß gewesen, daß der Kurfürst sie noch in Schweinitz habe lesen können, die Feder so gewaltig, daß sie bis nach Rom gereicht habe. Als sie die Tiara des Papstes zu stürzen begann, wollte der Kurfürst diese halten. In diesem Moment erwachte er. Im zweiten Traum durchstieß die Feder den Kopf eines Löwen, der so laut brüllte, daß alle Stände des Reichs zusammenliefen. Der Papst befahl diesen, dem Treiben des Mönchs zu wehren. Daraufhin erwachte der Kurfürst das zweite Mal. Im dritten Traum wollten die Reichsstände in Rom die Feder zerbrechen. Da sie es nicht schafften, liefen sie auseinander. Auf die Frage des Kurfürsten an den Mönch, wieso die Feder so stark sei, antwortete dieser, sie sei von einer alten hundertjährigen böhmischen Gans. (Auf dem Holzschnitt sieht man rechts unten Hus und Hieronymus von Prag zusammen mit der brennenden Gans.) Plötzlich wuchsen aus der Feder viele andere heraus, um die sich viele Wittenberger Gelehrte rissen. Eine Deutung dieses Traums wollte der Kurfürst nicht wagen, da gemäß der Bibel Traumdeutung und Offenbarungen allein Gott zustünden.

Der älteste schriftliche Bericht über diesen Traum stammt aus der Feder des Dresdener Hofpredigers Matthias Hoe von Hoenegg (1580-1645), in fünf Predigten über Luthers Leben, gehalten 1602 und gedruckt in Leipzig 1604. Hingegen berichtet der von dem Anonymus »D.K.« verfaßte Begleittext zu dem Holzschnitt von 1617 folgendes. 1591 lebte in Joachimsthal Magister Bartholomäus Schönbach, der eine Handschrift des

Der Traum Friedrichs des Weisen, Holzschnitt, 1617

Schweinitz

dortigen früheren Superintendenten Antonius Musa besaß, der diese Geschichte wiederum vom kurfürstlichen Sekretär Georg Spalatin erfahren habe. Der Anonymus D.K. erwies sich als David Krautvogel (1529-1601), der im Mai 1591 durch die Kalvinisten als Freiberger Superintendent abgesetzt wurde und bis zu seiner Wiedereinsetzung im November des gleichen Jahres als Flüchtling in Joachimsthal lebte, wo er wohl im Kontakt mit Schönbach stand. Daß dieser seine Handschrift mit der Schilderung des Traumes Friedrichs von Anton Musa hatte, wie er selbst angab, erscheint insofern sehr zweifelhaft, als dieser schon 1547 gestorben ist. Da Schönbachs Handschrift verschollen ist, lassen sich also über die Entstehung der Erzählung nur Vermutungen anstellen. Sie dürfte etwa in das 6. bis 8. Jahrzehnt des 16. Jahrhunderts zu datieren sein. Spätester Termin ist das Jahr 1591. Möglicherweise weist eine 1626 gehaltene Leichenpredigt des Wittenberger Superintendenten Johannes Schneider über den Bitterfelder Bürgermeister Konrad Reuter d.Ä. auf die Ursprünge der Legende. Reuters Vater, der 1564 verstorbene Wittenberger Bürgermeister und Universitätsnotar Ambrosius Reuter hatte in seinem Wittenberger Haus, heute Markt 4, Renovierungs- und Vergrößerungsarbeiten vorgenommen, die ihn in solche Schulden stürzten, daß er das Haus 1550 an Lucas Cranach d. J. verkaufte. Bei diesen Renovierungsarbeiten habe er eine angemalte Sau »sambt andern sachen«[11] übermalen lassen. Dazu soll auch ein Spottbild gehört haben, auf dem Luther mit einer großen Schreibfeder dem Papst die Tiara vom Kopfe stieß, und auf der anderen Seite Melanchthon mit einer Federbüchse, an der ein Tintenfaß hing, auf den Papst losschlug. Auf jeden Fall entstand die Sage vom Traum Friedrichs des Weisen nicht zu Lebzeiten der Reformatoren der ersten Generation, denn keiner von ihnen weiß davon auch nur andeutungsweise zu berichten. Außerdem begann der Vergleich Luthers mit Hus erst im Jahre 1519, spielte also im Jahre 1517, zur Zeit des Thesenanschlages noch keinerlei Rolle. Nichtsdestoweniger wurde die Legende im 17. und 18. Jahrhundert für authentisch gehalten. Den Widerspruch, daß sie Luthers Zeitgenossen nicht bekannt war, erklärte der Gießener Universitätsprofessor Balthasar Mentzer (1565-1627) interessanterweise damit, daß der Traum Luther und seinen Freunden wohl bekannt gewesen sei, sie ihn jedoch bewußt verschwiegen hätten, um sich nicht dem Vorwurf der Schwärmerei auszusetzen. Denn gerade Luther war es ja, der Offenbarungen und die Deutung von Träumen für ein Zeichen von »Schwärmerei« hielt. Obwohl bereits im Jahre 1717 der Göttinger Theologe Christian August Heumann die Authentizität der Geschichte bestritt, lebte sie noch bis ins 19. Jahrhundert fort. Erst seit den Arbeiten Julius Köstlins (1826-1902) setzte sich die Auffassung durch, daß es sich um eine Legende handele.

Die Wittenberger Luthereiche

SEIT Menschengedenken gehören Bäume zu jenen Wundern der Natur, die entweder wegen ihres Alters, ihrer Größe, ihrer Blütenpracht oder ihrer Form mythologisch verklärt werden. Die Deutung ihrer Heiligkeit war eine vielfältige. In germanischen und keltischen Kulten galten Bäume als Symbole geheimnisvoller Kräfte und Stärke. Reste dieser Kulte finden sich noch heute im Maienbaum und in der Mistel. Im mediterranen Raum galten Bäume häufig als Vermittler von »Leben« und »Wissen«, wie beispielsweise die Paradiesbäume in Homers Odyssee. In allen Hochreligionen der Welt wurden Bäume entweder zu Gaben, Offenbarungswerkzeugen oder Symbolen Gottes bzw. von Göttern. Zeus offenbarte sich im Rauschen der Eichen von Dodona und Athene spendete den Ölbaum. Im Islam wurzelt die Heiligkeit von Bäumen in der Verbindung mit Heiligengräbern. Im Buddhismus gilt der Bodhibaum als heilig.

Auch im Alten Testament, einer wichtigen Grundlage sowohl des Juden- als auch Christentums, wurden Bäume zu Elementen mythologischer Vorstellungen. Erinnert sei an den Lebensbaum, den Baum der Erkenntnis von Gut und Böse oder die Bäume Jahwes, die Zedern des Libanon, die er selbst gepflanzt hat. Alleinstehende, immergrüne oder auffallende Bäume wurden von den Kanaanitern verehrt. Sie blieben später auch für die Israeliten heilig. Unter ihnen hielt man Versammlungen, Gerichts- und Volkstage ab. Verehrte und verdienstvolle Stammesmitglieder wurden in ihrem Schatten beerdigt. Heilige Bäume im Alten Testament waren zumeist Eichen: die Eiche von Sichem, die möglicherweise identisch ist mit der Eiche im Heiligtum von Sichem und der Eiche am Denkmal in Sichem; die Zaubereichen bei Sichem, Bethel und Jabes; die Eichen bei Ophra, Beer-Seba und Gibea u.a. Auch heute kennt man viele heilige Bäume, z.B. die Abrahamseiche der Kreuzfahrer in Hebron.

Große Bedeutung erlangten Bäume auch im später von den Reformatoren kritisierten spätmittelalterlichen Kirchenwesen. Die Zunahme von heiligen Stätten und Wallfahrten wurde häufig mit Bäumen verbunden, worüber 1540 der Lutheranhänger Friedrich Myconius berichtet: »... und es war beinahe kein Berg, kein Pfuhl, kein Grund, kein Tal, kein Wald, endlich auch Eiche, Weide oder Buche, zu denen man nicht eine Wallfahrt machte.«[12]

Trotz oder vielleicht gerade wegen seiner immensen Arbeitsbelastungen liebte der Reformator Bäume als Teil der belebten Natur. Diese war für ihn als Teil des Schöpfungswunders Gottes ein Sinnbild für die göttliche Gnade schon im irdischen Leben. Luther wird der Spruch zugeschrieben: »Wenn ich wüßte, daß morgen die Welt unterginge, würde ich heute noch ein Apfelbäumchen pflanzen.« Dieser Satz jedoch ist bei ihm nirgends nachweisbar. Wir haben hier eine ganz moderne Form der Legendenbildung vor uns. Der Spruch wurde dem Reformator wahrscheinlich in der schwierigen, zwischen Verzweiflung und Hoffnung schwankenden Situation nach dem 2. Weltkrieg in den Mund gelegt. Eine mögliche Quelle führte Theodor Knolle 1959 an. Der württembergische Pietist Johann Albrecht Bengel (1687-1752) hat in prophetischer Auslegung der Johannes-Apokalypse den Beginn des Tausendjährigen Reichs für die Zeit um 1836 vorausgesagt. Als das Jahr nun heranrückte, haben einige seiner Anhänger sich darauf vorbereitet, indem sie nicht mehr heirateten und sogar nicht mehr arbeiteten. Dagegen wandte ein anderes Mitglied der Gemeinschaft ein: »Brüder, wenn ich gewiß weiß, daß der Heiland kommt und ich habe noch einen Baum zu setzen, so setze ich ihn zuvor, und wenn eine Dachplatte fehlt, so muß sie noch ergänzt werden.«[13] Eine ähnliche Tendenz zeigt sich in einem anderen Bericht über die gleiche Württemberger religiöse Gemeinschaft. Als ein Kind den Vater fragte, warum er angesichts des bevorstehenden Erscheinens des Antichrist noch die Gartenarbeit fortsetze, antwortete dieser: »Ja Kind, und wenn wir wüßten, der Antichrist komme schon morgen, müßten wir doch heute noch fleißig arbeiten. Der liebe Gott verlangt von uns Treue und daß wir im Schweiße des Angesichts unser Brot essen.«[14]

Nichtsdestoweniger gibt es eine ganze Reihe von Äußerungen Luthers, die seine Freude an Bäumen dokumentieren. Bereits eine wichtige Weichenstellung für seine zukünftige Entwicklung verband der Reformator in der Erinnerung mit einem Birnenbaum. Kurz nach seiner Übersiedlung von Erfurt nach Wittenberg war der junge Mönch in den Jahren 1511 und 1512 längere Zeit mit seinem verehrten Lehrer und Provinzialvikar der deutschen Augustiner-Eremiten, Johann von Staupitz zusammen. Als Luther in seiner mönchischen Krise Gefahr lief, sich in mystischen Spekulationen zu verlieren, forderte ihn Staupitz in einem Gespräch unter dem Birnbaum im Klosterhof auf, sich zum Doktor der Theologie promovieren zu lassen, damit er etwas zu schaffen bekomme. Jedoch auch in späteren Jahren begeisterte sich der Reformator in seiner kargen freien Zeit in seinen Gärten am Wachsen und Gedeihen der Bäume. Zuweilen verrichtete er sogar selbst Gartenarbeit und pflegte auch »exotische« Fruchtbäume, wie Feigen-, Maulbeer- und Pfirsichbäume. Die Einheit von Natur und menschlichem Schaffen in der göttlichen Schöpfungsordnung drückte er so aus: »Alle Dinge sind im Anfang klein, gleich den milchigen Enden der Baumwurzeln, und doch gehen aus ihnen Balken und Pfosten hervor, stark genug, um Häuser und Schiffe zu tragen.«[15] Die Pracht und Fülle des Waldes verglich Luther einmal mit der Heiligen Schrift. Im April 1538 klagte er über viel Arbeit, während er sich als alter Mann viel lieber am Knospen und Wachsen in seinen Gärten erfreut hätte. Im Februar 1539 pfropfte er selbst seine Bäume. Daß sich der Stamm nach den kleinen Zweigen richtete und nicht umgekehrt, betrachtete er als Wunderwerk Gottes. Im Frühjahr des gleichen Jahres äußerte er sich wieder voller Freude über das Erwachen der Natur. Die grünenden Bäume seien ein Sinnbild für die Auferstehung der Toten.

Luther und Staupitz im Klostergarten unter dem Birnbaum, Steingravur von Christoph Faulhaber, wohl vor 1827

Die Lutherbuche bei Altenstein in Thüringen, Radierung von C. Bögehold, 1819

Es ist mithin nicht verwunderlich, daß sich auf diesen vielfältigen geistesgeschichtlichen Hintergründen Ereignisse um Luther und die Reformation auch mit Bäumen verbanden, wobei daraus auch Legenden entstanden. Es gibt Berichte über eine Lutherbuche bei Stolberg und eine Lutherlinde bei Muldenstein. Bis 1828 stand in Möhra, dem thüringischen Herkunftsort der Familie Luther, eine Lutherlinde, unter der der Reformator gepredigt haben soll. Auch im Vogtland, zwischen Kleinpörthen und Hermsdorf, soll Luther unter der »Lutherlenge«, einer einzelnen Linde, gepredigt haben. In Naschhausen, der Vorstadt von Orlamünde, gemahnt eine alte Linde an eine Predigt Luthers gegen die »Schwärmer«. Einer anderen Legende zufolge soll Luther in Ringetal bei Mittweida sogar auf einer Linde gepredigt haben. Auch am Ort seiner Entführung auf die Wartburg 1521, bei Altenstein in Thüringen, stand eine jahrhundertelang verehrte Lutherbuche, die 1841 Opfer eines Orkans wurde.

Selbstverständlich gibt es auch in Wittenberg einen solchen Baum, die Luthereiche. Vor hunderten von Jahren wurde sie an der Stelle gepflanzt, an der Luther 1520 demonstrativ die päpstliche Bannandrohungsbulle den Flammen übergab.

Am 15. Juni 1520 wurde in Rom die Bulle »Exsurge Domine« verkündet, die dem rebellischen Mönch den Kirchenbann androhte, wenn er seine Lehre nicht binnen 60 Tagen widerriefe. Bei ihrer Bekanntmachung in Deutschland sollten auch demonstrativ Luthers Schriften öffentlich verbrannt werden. Am 8. und 15. Oktober ließ der päpstliche Nuntius Aleander in Löwen und Lüttich lutherische Bücher verbrennen. Nachdem ihm das am 12. November in Köln noch einmal gelang, scheiterte eine ähnliche Aktion am 29. November in Mainz: Luthers Anhänger verbrannten anstelle seiner Bücher solche der Gegner. Der Reformator selbst hatte sich, symbolisiert in seinen drei großen reformatorischen Schriften, nach Erscheinen der Bulle endgültig von Rom getrennt. Am 10. Dezember 1520, genau 60 Tage nach Überstellung der Bulle nach Wittenberg, lud Melanchthon durch einen Anschlag an der Stadtkirche alle um die evangelische Wahrheit besorgten Universitätsangehörigen ein, sich um 9 Uhr an der vor dem Elstertor gelegenen Heiligkreuzkapelle einzufinden. An der Stelle, wo sonst die Lumpen von an Seuchen Verstorbener verbrannt wurden, sollten gemäß apostolischem Brauch Bücher des römischen Rechts und der scholastischen Theologie verbrannt werden. Nachdem das tatsächlich erfolgt war, trat Luther selbst, wie Staupitz später berichtete, »zitternd und bebend«, an die Flammen und übergab ihnen einen Druck der Bannandrohungsbulle mit den Worten »Weil du gottloses Buch den Heiligen des Herrn betrübt oder geschändet hast, so betrübe und verzehre dich das ewige Feuer!«[16] Dieser demonstrativen Aktion folgte die endgültige Bannung des Reformators am 3. Januar 1521.

Herauszufinden, wann die alte Eiche, die später zur »Luthereiche« wurde, erstmals mit der Tat des Reformators in Zusammenhang gebracht wurde, bleibt eine Aufgabe der Forschung.

Luther verbrennt die Bannandrohungsbulle, Holzschnitt, 1557

H.L. Leopold erwähnte sie 1802 bei der Beschreibung und Lokalisierung der Verbrennungsaktion jedenfalls mit keinem Wort.

Einer alten Sage zufolge wurde sie schon am Tage nach der Verbrennung der Bannandrohungsbulle gepflanzt. Ein Wittenberger Student liebte ein Mädchen, das bei seiner Großmutter lebte. Da der Student ein Anhänger Luthers und an der Verbrennung der Bulle beteiligt gewesen war, die Großmutter aber an der alten Kirche hing, hintertrieb sie die Beziehung der beiden jungen Leute mit allen Mitteln. Die Neugier jedoch trieb sie mit ihrer Enkelin am Nachmittag des 10. Dezember vor das Elstertor zu dem noch rauchenden Aschehaufen. Wie unbeabsichtigt tauchte der Student auf und berichtete begeistert von der Tat.

Das erzürnte die Großmutter jedoch noch mehr. Sie rammte ihren Stock in die Erde und rief aus, daß der Stock eher wieder grünen werde, als daß sie dem Studenten ihre Enkeltochter gäbe. Der schlaue Student suchte sich daraufhin im nahegelegenen Eichenwald eine junge Eiche und pflanzte sie genau an der Stelle, wo die Alte ihren Stock in die Erde gestoßen hatte. Als es Frühjahr wurde, hinterbrachte er der Großmutter das »Wunder« des blühenden Krückstocks, worauf sie sich Luthers Lehre zuwandte und dem Studenten das Mädel gab. Luther selbst habe schließlich das Paar eingesegnet.

Im Zusammenhang mit Luther gibt es zwei weitere Sagen, die der Wittenberger sehr ähnlich sind. Zu Pfiffligheim bei Worms stand eine Lutherulme. Sie sei entstanden, als eine alte Frau ihren Stock mit dem Vorsatz in die Erde stieß, die neue Lehre so lange zu bezweifeln, bis er grünen werde, was dieser natürlich sofort tat. Über eine nicht mehr existierende Lutherulme bei Pfeddersheim geht folgende Sage. Auf seiner Reise zum Wormser Reichstag habe Luther angesichts des jungen Bäumchens gesagt: »Wenn so viele Teufel in Worms wären, als Ziegel auf den Dächern, so wollte ich doch hinein, so wahr aus diesem Reislein ein Baum wird.«[17] Interessant ist, daß der erste Teil des Ausspruches authentisch ist.

Diese Sagen sind gleichfalls durch die Übernahme eines uralten mythologischen Motivs gekennzeichnet, nämlich das eines blühenden und grünenden Stockes. Als sich die alttestamentlichen zwölf Stämme Israels gegen Mose auflehnten, befahl Gott dessen Bruder Aaron, sich von jedem Stamm einen Stecken geben zu lassen. Um den Aufruhr zu beenden, wolle er, Gott, einen davon erblühen lassen. Der des Stammes Levi grünte tatsächlich am nächsten Morgen und trug Mandeln (4. Mose 17, 16-25). Auch bei mehreren Heiligen, so Aemilianus, Eutropius, Koloman, Basilicus und Zenobius von Florenz begegnet uns das Motiv des grünenden Stabes. Besonders bekannt ist es im Zusammenhang mit dem heiligen Christophorus. In einem Tempel der Heiden fängt sein Stab zu grünen an, worauf sich viele zum Christentum bekehren. In einem Pilgerzeichen des 13. Jahrhunderts in Chur hält sogar Jesus Christus einen grünenden Stab als Zepter. Die Kunst der Reformation übernahm das Motiv, indem sie den verdorrten und den grünenden Baum als Symbole für den alten und den neuen Bund, also für Gesetz und Evangelium verwendete. Jedoch auch in die nichtchristliche Mythologie fand das Motiv Eingang. Die griechische Sage erzählt, daß der von Troja heimkehrende Agamemnon von seiner Frau Klytaimestra und ihrem Liebhaber Aigisthos ermordet wurde. Danach sei der Tote seiner Mörderin im Traum erschienen, habe den jetzt von Aigisthos usurpierten Herrscherstab ergriffen und in die Erde gepflanzt. Dieser verwandelte sich in einen Baum mit Ästen und üppigen Zweigen, der über ganz Mykene seinen Schatten warf. Dieses Traumbild habe Klytaimestra erschreckt und zu einem Opfer für Agamemnon veranlaßt. Der mittelhochdeutsche Lyriker Tannhäuser (etwa 1205-1270) habe sich den Verlockungen der Frau Venus im Zauberberg durch eine Wallfahrt nach Rom zu entziehen versucht. Gott selbst habe ihm schließlich die Rettung seiner Seele durch das Wunder des grünenden Wanderstabes zugesagt.

Die stattliche Wittenberger Eiche wurde 1813 während der Napoleonischen Kriege von den französischen Besatzungssoldaten gefällt, um dem Brennstoffmangel abzuhelfen, wie es offiziell hieß. Ob dabei antilutherische Affekte der zumeist katholischen Franzosen mitschwangen, wie zuweilen behauptet wurde, ist nicht zu belegen. Anläßlich des 300. Jubiläums der Augsburgischen Konfession wurde im Jahre 1830 eine neue Eiche gepflanzt. 1904, ausgerechnet am Heiligen Abend, versuchte ein Unbekannter, den Baum zu fällen. Nachdem er den Stamm schon zur Hälfte zersägt hatte, wurde er von wachsamen Bürgern verjagt. Die Legende behauptete sofort, wie nicht anders zu erwarten ohne jeglichen Beleg, es sei ein Jesuit gewesen. Eine »chirurgische« Behandlung des Baumes durch die Forstakademie Eberswalde konn-

Die Wittenberger Luthereiche, Lithographie von R. Geißler, um 1850

te den Baum retten. Die Narbe ist in etwa 1 m Höhe noch heute zu sehen.

Leider ist die Luthereiche trotzdem ein sterbender Baum. Schon 1955 wurde berichtet, daß immer wieder trockene Äste herausgeschnitten werden mußten. Damals vermutete man, Gasleitungen im Wurzelbereich des Baumes seien die Ursache. Jedoch können auch andere Gründe für das Sterben der Eiche vorliegen, z.B. die Verbreiterung der Straßenkreuzung, zuviele in den Wurzelbereich eingedrungene Streusalze oder die Luftverschmutzung. Trotz eifrigen Engagements Wittenberger Bürger fanden sich auch zum Lutherjubiläum 1983 keine Mittel für eine exakte wissenschaftliche Diagnose und Therapie. Gewissermaßen zum Trost pflanzte man in der Nähe einen neuen Baum, der jedoch mittlerweile gleichfalls kränkelt. Nebenbei sei abschließend angemerkt, daß man der Luthereiche von 1830 am gleichen Tage im damaligen »Bürgergarten« (heute Gelände der Gemeinschaft der Siebenten-Tags-Adventisten) eine »Schwester« gepflanzt hat, die jedoch wegen eines unheilbaren Pilzbefalls 1990 gefällt werden mußte.

Der Wittenberger »Luthersbrunnen»

EINE noch längere Lebensdauer als Bäume haben Quellen, im Bewußtsein der Menschen nahezu eine ewige. Es nimmt daher nicht wunder, daß sie seit Menschengedenken in allen Kulturen und Religionen in besonderer Weise mythologisch verklärt wurden und werden. Die Herausbildung vorderasiatischer und antiker Zivilisationen war ursächlich mit Quellen als Grundlage für Burg- und Stadtgründungen verbunden. Quellen waren geradezu die Voraussetzung für die Seßhaftwerdung des Menschen. »Jungfräuliche«, dem Felsen entspringende »blumenumsäumte« Quellen galten als heilig und wurden kultisch verehrt, zumal wenn sie Besonderheiten wie Temperatur, Gehalt, Sprudel und ähnliches aufwiesen und mit Heilwirkungen verbunden waren. Am bekanntesten in der Antike waren die heilige Quelle von Adania, der Weihgeschenke gemacht wurden, sowie die Quelle, der Horaz zufolge Opfer dargebracht wurden. Schließlich erschienen Quellen selbst als vergottet. Der Name des römischen Gottes Fons oder Fontanus bedeutet nicht anderes als »Quelle«. Häufig erschienen Quellen auch als Sitz eines Drachens oder weiblicher Gottheiten wie der Nymphen. Alle ursprünglichen Quellgottheiten niederer Kulte gingen in das Pantheon der höheren Religionen ein, indem sie der Herrschaft eines »höheren« Gottes unterstellt wurden, wie die Nymphen unter Apoll. Einzelne Quellen erschienen als besondere Gabe von Göttern, z.B. die Quelle auf der Akropolis in Athen als Schöpfung des Poseidon. Eine schier unerschöpfliche Bedeutungsvielfalt erlangten Quellen im Märchen und im Mythos, auch dem jüdischen und christlichen. Zu Jahwe selbst gehört die »Lebensquelle«. Wasser aus der »Quelle des Herrn« versetzt in Ekstase und enthebt irdischer Nichtigkeit. In der prophezeiten Endzeit wird die Tempelquelle Jerusalems schließlich

Paradiesfruchtbarkeit verbreiten. Im göttlichen Auftrag übernahm z.B. Moses den Schutz »heiliger« Quellen. Zuweilen werden im Alten Testament Quellen auch mit der »Gattin« oder der »Braut« verglichen. Die religiöse Motivation auch solcher Vergleiche wird dann deutlich, wenn man bedenkt, daß die Kirche schon frühzeitig mit der »Braut« verglichen wurde. »Heilige« Quellen gibt es noch heute. Von tausenden katholischen Gläubigen wird jährlich die wundertätige Heilquelle bei Lourdes in Frankreich zur Linderung körperlicher Gebrechen besucht.

Vor diesem Hintergrunde wird es verständlich, daß auch in der »reformatorischen Mythologie« Quellen eine geradezu »heilige« Bedeutung erhielten. Auf deutschem Boden gibt es eine große Anzahl »Lutherbrunnen«. Von einer Quelle bei Jena wird berichtet, daß Luther ihr heilendes Wasser bei einem Besuch getrunken habe. Als er 1537 in Schmalkalden am Blasenstein erkrankt sei, habe er am 26. Februar von einer Quelle bei Tambach getrunken und sei genesen. Neben der Lutherbuche findet sich auch im thüringischen Altenstein eine Lutherquelle.

Gegenüber diesen Quellen zeichnet sich eine Wittenberger, man beachte die feine Besonderheit, durch ihre Schreibweise aus, nämlich »Luthersbrunnen«. Man findet sie von der Stadt aus etwa 5 km in Richtung Dresden am Elbufer. Luther soll, wie ein Schüler Philipp Melanchthons, Balthasar Menz, 1604 berichtete, die Quelle auf einem Waldspaziergang entdeckt und sie hinfort mit Freunden oder allein oftmals besucht haben. Es war damals ein idyllisches Örtchen mit einem großen, heute längst verschwundenen Eichenwald. Zwischen 1680 und 1690 hat man die Quelle in Stein gefaßt und mit einem Eisengitter verschlossen. Sie wurde ein beliebter Treffpunkt der Wittenberger Studenten. Als der sächsische Kurfürst August der Starke 1694 auf seiner Huldigungsfahrt auch Wittenberg besuchte, konstatierte er mit Mißfallen den mittlerweile eingetretenen Zustand der Verwüstung. Sofort befahl er dem Wittenberger Rat, die idyllische Stätte zu renovieren. In einem langen Intrigenspiel versuchte nun die Universität, dies zu verhindern. Offiziell begründete sie dies damit, daß die vom Rat geplante Gaststätte die städtische Braugerechtigkeit verletzen würde. Außerdem erhielte die sowieso schon sitten-

Der Wittenberger Luthersbrunnen, Lithographie von Eduard Dietrich, 1826/29

lose akademische Jugend dann zur benachbarten Specke, einem Waldgebiet, wo sie sich mit lockeren Frauen verlustierte, noch eine Stätte des Lasters. Der 1717 ins Haus stehende 200. Jahrestag des Beginns der Reformation gab endlich den Anlaß, die Pläne des Wittenberger Rats zum Bau einer Gaststätte doch noch zu realisieren. Über der in Stein gefaßten Quelle wurde ein zweistöckiges Haus errichtet. Es sollte den Ratsförster, der gleichzeitig das Braurecht haben sollte sowie einen Raum für Ratsversammlungen beherbergen. Beim Bau dieses Hauses mußten, wie die Ratsrechnungen ausweisen, allein 26 Eichen aus dem Ratswald gefällt werden. Die erneuten heftigen Interventionen der Universität waren letztlich erfolglos, denn der Kurfürst befahl am 9. Februar dem Rat, der Universität mitzuteilen, daß ihr Ersuchen abgelehnt sei und der Rat das Gebäude zu Ende bauen soll. Die Quelle selbst wurde ebenfalls baulich verändert, in ein rundes Becken gefaßt und mit einem gotischen Gewölbe überdacht. Obgleich das Gebäude in seiner Gesamtheit zu Beginn des 20. Jahrhunderts rekonstruiert wurde, ist dieser Brunnenraum heute noch so erhalten. Die alte Holzlattentür aus dem Jahre 1717 wurde 1967 restauriert. Eine lateinische Inschrift über der Quelle berichtet die Geschichte des Brunnens. Ein gleichfalls lateinischer Vers fordert den Besucher auf, sich nicht nur dem Wasser des Lutherbrunnens, sondern auch dem echten Brunnen, der Lehre Luthers, zuzuwenden.

In früheren Jahren ein beliebtes Ausflugsziel der Wittenberger, hat sich die Gaststätte nach dem Zweiten Weltkrieg als nicht mehr lukrativ genug erwiesen. Sie wurde geschlossen, um schließlich 1951 im Luthersbrunnen eine Filiale des Jugendwerkhofes unterzubringen. Und schließlich, und damit demonstrierte das SED-Regime einmal mehr, daß seine so demonstrativ zur Schau gestellte Traditionspflege weithin nur Tünche war, wurde im Luthersbrunnen eine Station der »Zivilverteidigung« eingerichtet. Erst 1990 wurde diese geschlossen und seither harrt dieser traditionsreiche Ort einer so notwendigen gründlichen Rekonstruktion und erneuter sachgerechter Nutzung durch die Wittenberger und ihre Gäste.

Auch in Schmögelsdorf im Fläming, nördlich von Wittenberg, befindet sich ein »Lutherbrunnen«, an dem sich der Reformator ebenfalls wiederholt gelabt haben soll.

Glaubt man einer sehr frühen und wohl zuverlässigen Quelle, nämlich dem im Jahre 1564 in Wittenberg erschienenen 5. Band einer Sammlung von Universitätsschriften, hat Luther noch eine andere Quelle bei Wittenberg besucht, die später in einem lateinischen Epigramm besungen wurde. Die Überschrift lautet übersetzt: »Epigramm für den verehrungswürdigen Mann und Pater Dr. Martin Luther in heiliger Erinnerung, über die Quelle des Hügels Teuchel bei Wittenberg, deren Wasser Anno Christi 1544 in die Stadt geleitet wurde.«[18] Damit war der Bau des heute noch funktionierenden ältesten Wittenberger Wasserleitungssystems, des Schloßröhrwassers, nach der Herkunft auch »Teuchelsborn« genannt, in den Jahren 1543/44 gemeint. Die Quelle liegt etwa 1,2 km nördlich des heutigen Wittenberger Stadtteils Teuchel. Das Gedicht selbst, von A. M. Meyner irrtümlich Luther selbst zugeschrieben, lautet übersetzt:

Der Quell der Wittenberger Oreaden

Er, der das Meer einst schuf, und die Quellen und laufenden Ströme,
Mir auch gebot er zu sein seines Gewässers ein Teil.
Zwar bin ich klein von Körper, entstanden aus schwachem Gesprudel,
Dennoch stamm' ich von ihm, ihm, dem Erschaffer der Welt.
Gänzlich entbehr' ich der Pfleg', es zerstreut das Geäder sich ringsum,
Und durch den garstigen Kot muß ich mich winden dahin.
Bäurischer Weise gehorchend, verschmäht mich der Haufe des Landmanns,
Quelle, der Pfleg' unwert, nennet die Menge mich nur.
O! wenn näher ich strömte den besser gesinnten Städten,
Wohl kein städtischer Quell käme zuvor mir an Ruhm.
Doch nicht rührt mich die Schmach, die von ländlichem Volk ich erdulde,
Und kein Niedriges bringt je von der Güte mich ab.
Rein mir bewahr' ich die Wellen, und reiche den lauteren Trank dir,
Danke mir, danke mir nicht, jedem beweis' ich mich gleich.

Denn ich diene dem spendenden Gott, ein freundlicher Mundschenk,
Deshalb spend' ich umsonst reichlich die Gabe für dich.
Siehe, mich kümmert es nicht, mag Gold, mag Silber dir abgehn,
Reicher und Armer, o komm, komm nur und schöpf' dir umsonst.
Alles verleiht ja der Herr dem Geschlecht, unkundig des Dankes,
Drum bin gütig ich gern, folgend dem Beispiel des Herrn.[19]

Der Wurf mit dem Tintenfaß

SO sehr Luther die drängend nahe Allgegenwart des »Deus absconditus«, des verborgenen Gottes fühlte und wußte, so sehr kämpfte er sein ganzes Leben lang gegen den »Herrn der Welt«, den Satan, dessen Angriffe und Versuchungen er zuweilen bis in die tiefsten Tiefen seiner Seele spürte. Jedoch waren Luthers Auffassungen vom Teufel zumindest untergründig auch beeinflußt durch die auch in seinem Elternhaus vorhandene spätmittelalterliche Volksreligiosität. Diese wiederum hatte alte heidnische Vorstellungen von Hexen, Kobolden und Dämonen in christliche Glaubensinhalte integriert. Der Reformator selbst berichtete beispielsweise, daß seine Mutter einmal von einer Nachbarin für eine Hexe gehalten worden sei. In Paranthese sei bemerkt, daß die katholische Antilegende solche Berichte flugs umdrehte und Luthers Mutter selbst zu einer Hexe erklärte, die ihren Sohn als Frucht des bösen Geistes, Incubus genannt, geboren habe.

Der Glaube Luthers an die leibhaftige Existenz des Teufels ist auch in zahllosen Anekdoten sprichwörtlich geworden. Alle Zweifel und Anfechtungen, auch Traurigkeit und Depressionen, die Luther auf seinem Wege durchlitt, führte er auf den Teufel zurück. Dessen Gegenwart glaubte der Reformator z.B. im Rascheln in einem Sack voll Nüssen, im Poltern im Hause, im Auftauchen eines schwarzen Hundes in seinem Zimmer oder einer schwarzen Wildsau in seinem Garten wahrzunehmen. Probate Mittel gegen den Satan waren für den Angefochtenen ein fröhlicher Gesang und selbstverständlich das Gebet. Auch drastische Mittel konnte Luther empfehlen. Wenn der geistige Widerstand gegenüber dem Teufel nicht ausreiche, »so weise man ihn flugs mit einem Furz ab«.[20]

Jeder weiß, daß der Reformator auf der Wartburg mit einem Tintenfaß nach dem ihn bedrängenden Teufel geworfen haben soll. Die älteste Nachricht darüber findet sich 1650 in der Merianschen Länderbeschreibung von Obersachsen: »Anno

1521 auf dem Schloß Wartburg, worin er das Tintenfaß nach dem Teufel geworfen haben soll, daß noch heutigen Tags die Tinte davon an der Wand zu sehen ist.«[21] Erstmals 1796 wurde die Anekdote für »eine bloße Sage, die nicht historisch erwiesen werden kann« gehalten. 1826 gar sprach man von »jenem ärgerlichen Tintenflecke«, dem »alten verrufenen Märchen«. Ähnliche Legenden verbinden sich auch mit anderen Lutherstätten, wie Eisleben, der Veste Coburg und dem Gut Zülsdorf, das der Reformator 1540 erworben hatte.

Eine interessanterweise weit ältere Legende als die der Wartburg bezieht sich auf Wittenberg. Zu ihrer Entstehung mögen unterschiedliche Elemente wie eigene Äußerungen Luthers oder Schriften und Aussagen von Zeitgenossen, Anhängern und Gegnern, beigetragen haben.

1523 veröffentlichte der Lutheranhänger Erasmus Alberus, der 1520/21 selbst in Wittenberg studiert hatte, eine Flugschrift unter dem Titel »Ein schöner Dialogus von Martino Luther und der geschickten Botschaft aus der Hölle«. In zweifellos satirischer Weise berichtet er hier über folgende Begebenheit. Die Versammlung aller Teufel beriet über die für sie gefährliche Luthersache und beschloß, dem Reformator einen Boten zu senden, der ihn in Widersprüche verstricken und von seiner Lehre abspenstig machen sollte. In der Tracht eines Dominikanermönchs erschien der Teufelsbote an der Pforte von Luthers Wittenberger Haus und klopfte an. Der Reformator empfing ihn und erbot sich, mit ihm zu disputieren, zunächst vermutend, der Bote sei ein Abgesandter des Papstes. Darauf deutete der Bote nur vage an, Luther werde wohl im Laufe des Gesprächs seine wahre Herkunft erkennen. Der so für den Leser schon kenntlich gemachte Teufel warf Luther vor, ein falscher Prophet und Widerchrist zu sein, der die Welt in Zank und Hader gestürzt habe. In der darauffolgenden langen Diskussion legt Alberus selbstverständlich dem Reformator die besseren, weil biblischen Argumente in den Mund. Schließlich erkannte und bezeichnete Luther seinen Widerpart als

»bösen Feind«. Als dieser merkte, daß er bei Luther nichts ausrichten konnte, verschwand er. Ein Jahr später erschien, ebenfalls aus der Feder von Erasmus Alberus, die Flugschrift »Absage oder Fehdebrief des höllischen Fürsten Luzifers, Doktor Martin Luther jetzt zugesandt«. In diesem, ebenfalls satirisch gemeinten Fehdebrief des Teufels an Luther wird der Vorwurf formuliert, daß letzterer allen höllischen Befehlen, die durch den Papst, die Konzilien und jüngst durch den Konvent zu Regensburg verwirklicht worden seien, zuwider gehandelt habe. Diese beiden Schriften mögen sich mit Aussagen von Luther selbst verbunden haben. In einer Tischrede vom Sommer 1540 berichtet er über ein früheres Erlebnis in seiner Mönchszelle folgende Anekdote. Als er einmal müde gewesen sei, habe sich ein »groß Geräusch in der Hölle (*Ofen - V.J.*)« erhoben, daß er sehr erschrocken sei. Als Luther aber merkte, daß es des Teufels Spiel war, sei er, dieses nicht achtend, zu Bett gegangen.[22] Ob sich dieses Erlebnis in seiner Erfurter oder Wittenberger Mönchszelle abspielte, bleibt offen. In einer anderen Tischrede jedoch lokalisiert Luther eine ähnliche Anekdote »in unserem Kloster zu Wittenberg«[23]. Als er abends nach erfolgtem Tagwerk im Remter saß, studierte und an einer »Lektion« (Vorlesung oder Predigt) arbeitete, »da kam der Teufel und rauschet in der Höllen dreimal, gleich als wenn einer einen Scheffel aus der Höllen schleifte.«[24] Auch dies habe der Reformator mit konsequenter Nichtachtung gestraft. Schließlich teilte der Rostocker Jurist Johann Georg Gödelmann 1591 mit, daß er in seiner Wittenberger Studienzeit folgende Geschichte gehört habe. Zu Luther sei ein Mönch gekommen, um ihm verschiedene Fragen zu stellen. Als Luther anstelle der Hände des Mönchs Vogelklauen bemerkt habe und ihn so als Teufel erkannte, floh dieser, indem er nach Luther mit dem Tintenfasse warf. Da Gödelmann seine Stu-

Der Teufel in Verkleidung eines Dominikaners bittet Luther um ein Gespräch, Titelholzschnitt einer Flugschrift von Erasmus Alberus, 1523

Ein schöner Dialogus von
Martino Luther/vñ der geschicktē Bot
schafft auß ď Helle die falsche geyst
ligkeit vñ das wort Gots belan/
gen/gantz hübsch zů lesen.

Anno. M. D. XXiij.

Die Wittenberger Lutherstube, Lithographie von J. Williard, um 1840

dien in Wittenberg 1587 aufnahm, muß diese älteste auf Luther bezogene Geschichte des Wurfs mit einem Tintenfasse in Wittenberg schon bald nach Luthers Tode bekannt gewesen sein. Frappierend ist die Ähnlichkeit mit der ersten Satire von Erasmus Alberus. Wenngleich dieser im Text mit keinem Wort Vogelklauen anstelle der Hände des Teufels erwähnte, sind sie dennoch schon auf dem Titelholzschnitt abgebildet.

Ein Meisterlied von Hans Deisinger von 1602 berichtet, daß der Tintenfleck in Luthers Wohnung noch zu sehen sei. Auch Christian Juncker erwähnt 1706 noch einen Tintenfleck hinter dem Ofen. Das Gerücht sei alt, aber wohl kaum eine authentische Begebenheit. Andreas Charitius glaubt in einer wohl vor 1730 entstandenen ungedruckten Chronik, daß es sich um eine Verwechslung mit der Wartburg handele. Schließlich berichtete Friedrich Christian Leßer 1739 folgende humoristische, an Oscar Wildes »Gespenst von Canterville« erinnernde Episode. Als 1706 während des Nordischen Krieges einige schwedische Generale in Wittenberg weilten, wurde einem

Universitätsangehörigen befohlen, den Tintenfleck zu erneuern, um ihn den Generalen zeigen zu können. Als diese kamen und den Fleck mit dem Finger berührten, war jener noch feucht und die Generale brachen in Gelächter aus. Eine spätere Anmerkung allerdings hält diesen Bericht für eine Erfindung, da man den Fleck mit den Fingern nicht erreichen könne. Er war also wohl sehr weit oben an der Wand. Als dem russischen Zaren Peter I. am 14. Oktober 1712 in Wittenberg der Tintenfleck gezeigt worden sei, habe er nach Christian Sigmund Georgis Annalen der Wittenberger Universität aus dem Jahre 1775 in kyrillischer Schrift folgende Worte über den Fleck geschrieben: »Es kann sein, die Tinte ist aber neu.«[25] 1921 jedoch wies Julius Jordan darauf hin, daß keine Quellen über einen Besuch des Zaren 1712 in Wittenberg bekannt seien, ja daß ein solcher Besuch angesichts der politischen Verhältnisse sogar unwahrscheinlich sei. Denkbar wäre ein Besuch hingegen im Herbst 1711, als der Zar in Torgau die Königin von Sachsen besucht habe. Laut Jordan würden sich ältere Wittenberger der Existenz des Flecks noch erinnern. Wahrscheinlich sei er bei der Restaurierung der Lutherstube 1883 endgültig beseitigt worden.

Doktor Faustus, Wittenberg und Martin Luther

EINE der berühmtesten Persönlichkeiten des 16. Jahrhunderts war der legendäre Johann Faust, ein Magier und Schwarzkünstler, von dem eine geschlossene Biographie schlechterdings nicht bekannt ist. Im Jahre 1587 erschien in Frankfurt am Main von einem bis heute unbekannten Verfasser das »Volksbuch vom Doctor Faustus«. Es fand reißenden Absatz, so daß noch im gleichen Jahr fünf Nachdrucke erschienen. Das Volksbuch ist weder der Versuch, das Leben des historischen Doktor Faustus nachzuzeichnen, noch eine Kodifikation der im Volke bekannten Faustsagen. Vielmehr ist es eine bewußt arrangierte Warnungsschrift gegen Teufelspakt und Zauberei.

Die Geschichte siedelt den größten Teil von Fausts Leben in Wittenberg an. Nach einer behüteten Kindheit und solider Ausbildung und Erziehung, unter anderem einem Studium in Wittenberg, habe ihn schließlich ein widerchristlicher Übermut gepackt. Nachts ging er »zu einem dicken Wald, ... der bei Wittenberg gelegen ist, der Spesser Wald genannt«[26], um den Teufel zu beschwören. Wenn Kirchner 1746 und eine spätere Sage mit dem »Spesser Wald« die »Specke«, ein damaliges Waldgebiet in der Nähe Wittenbergs meint, hat dies keinerlei realen Hintergrund, außer vielleicht dem, daß Luther gelegentlich fürchterlich »wider die Huren und Speckstudenten«[27] wetterte, die sich in nämlichem Wäldchen zu verlustieren pflegten. Bei einer erneuten Beschwörung des Teufels in Fausts Wohnung unterzeichnet der Schwarzkünstler einen Pakt, der ihm bei Abschwören von Gott den Teufel auf 24 Jahre zum Diener macht, wofür Faust diesem als Gegenleistung seine Seele verpfändet. Der Teufel schickt Faust einen Geist als Diener, Mephostophiles genannt. Dieser erfüllt Faust alle Wünsche, wie z.B. eine Fahrt zu den Gestirnen, die Erklärung des Gewitters, Fahrten durch die Lüfte, allerlei Gaukelspiele,

Dr. Faustus, Kupferstich, 1739 (aus E.D. Hauber: Bibliotheca Acta Et Scripta Magica, 2. Aufl. 1739, Bd. 1)

Unmengen Wein für Zechereien, Frauen zur Befriedigung von Fausts Sinnenlust und vieles andere. Dabei wird immer wieder Wittenberg erwähnt. Im 60. Kapitel vermacht Faust seinem Famulus Wagner sein Haus »samt dem Garten, neben des Gansers und Veit Rodingers Haus gelegen, bei dem eisernen Tor in der Schergassen an der Ringmauern«[28]. Von diesen konkreten Angaben ist für Wittenberg nur eine Scharrenstraße (=Schergasse) nachweisbar, die es aber in fast jeder Stadt gab, denn »Scharren« oder »Scherne« nannte man die Stände der Fleischerinnungen. So sollte also die vermeintliche Authentizität der beschriebenen Ereignisse unterstrichen werden.

Interessant ist nun, daß schon sehr frühzeitig eine Polemik gegen die Verbindung Fausts mit Wittenberg einsetzte. Der lutherische Mathematiker Hermann Witekind (bekannter unter dem Pseudonym Augustin Lerchheimer), der in der Elbestadt studiert hatte und mit Melanchthon befreundet war, wetterte nach Kenntnisnahme des Volksbuches in einem 1597 erschienenen Buche heftig gegen eine feste und langjährige Verbindung Fausts mit Wittenberg. Witekind konnte nicht zulassen, daß die Stadt der Reformation, seine eigene Ausbildungsstätte und das Leben seines verehrten Lehrers Melanchthon durch die Verbindung mit einem solchen Scharlatan und Betrüger wie Doktor Faustus diskreditiert wurde. Die Darstellung des Volksbuches sei »böslich und bübelich erdichtet und erlogen«[29]. Faust sei zwar in der Tat auch in Wittenberg gewesen. Als man ihn jedoch wegen seiner Scharlatanerie ins Gefängnis stecken wollte, sei er geflohen.

Entschieden widersprach auch der Wittenberger Theologe Johann Georg Neumann 1683 einem längeren Aufenthalte Fausts in Wittenberg. Er sah sogar die Akten des Ratsarchivs ein, fand aber keinerlei Hinweis auf »einen Bürger dieses Namens«[30]. Hier allerdings irrte Neumann, denn für die Jahre von 1541 bis 1553 ist tatsächlich ein »Hans Faust« als Hausbesitzer in Wittenberg nachweisbar. Er bewohnte das Haus Nr. 54 im Elsterviertel (heute Fleischerstr. 10). Daß dieser Wittenberger

Bürger mit dem Schwarzkünstler nichts zu tun hat, liegt auf der Hand, da der historische Faust bereits 1540 oder 1541 gestorben ist. Ob und in welcher Weise er jedoch später zu der legendenhaften Verbindung Wittenbergs mit Faust beigetragen hat, bleibt offen.

Den frühesten Hinweis auf einen tatsächlichen Wittenberger Aufenthalt Fausts gibt der Schüler Melanchthons Johannes Manlius, der in den 1563 erschienenen Aufzeichnungen der Tischgespräche seines Lehrers diesen über Faust folgendes äußern läßt: »Ich habe einen gekannt, mit Namen Faustus von Kundling (ist ein kleines Städtlein, nicht weit von meinem Vaterlande) ... Derselbige Faustus ist zu Wittenberg entronnen, als der fromme und löbliche Fürst Herzog Johann hatte Befehl getan, daß man ihn fangen sollte.«[31] Daraus geht also die später auch von Witekind berichtete Flucht aus Wittenberg, um sich der von Kurfürst Johann angeordneten Verhaftung zu entziehen, hervor. Da Johann von 1525 bis 1532 als Kurfürst regierte, fällt das Ereignis also in diese Zeit.

Über Fausts gewaltsamen Tod gibt es verschiedene Berichte. Nach Manlius/Melanchthon ist er in einem »Dorf im Württemberger Land« vom Teufel geholt worden. Später wurde »Württemberg« zu »Wittenberg«. Auch das Volksbuch verlegt seinen Tod in die Nähe Wittenbergs. Als Fausts Pakt mit dem Teufel zu Ende ging, bat er seine Freunde, Wittenberger Magister und Studenten, »daß sie mit ihm in das Dorf Rimlich, eine halbe Meile wegs von Wittenberg gelegen« kommen, um dort noch einmal gemeinsam zu zechen. Nach einer weinerlichen und reumütigen Ansprache zog sich Faust in sein Zimmer zurück. Zwischen zwölf und ein Uhr nachts begann ein Sturm mit greulichem Pfeifen und Zischen und man hörte Fausts markerschütternde Hilferufe. Als es Tag wurde, suchten die Studenten ihren Meister, »sie sahen aber keinen Faustum mehr, und nichts, denn die Stuben voller Blut gespritzt. Das Hirn klebte an der Wand, weil ihn der Teufel von einer Wand zur anderen geschlagen hatte. Es lagen auch seine Augen und etliche Zähne allda, ein greulich und erschrecklich Spektakel ... Letztlich aber fanden sie seinen Leib draußen bei dem Mist liegen, welcher greulich anzusehen war, denn ihm der Kopf und alle Glieder schlotterten.«[32] In »Rimlich« sei Faust auch begraben worden und fortan habe es in seiner Wittenberger Wohnung gespukt.

Der Gasthof »Zum Freischütz« in Pratau, Zeichnung von Erich Viehweger, um 1960

Das Dorf Rimlich, eine reine Erfindung, wurde in einer viel später entstandenen Legende mit dem unmittelbar vor Wittenberg gelegenen Dorfe Pratau gleichgesetzt, wo Faust in dem historischen Gasthaus »Zum Freischütz« umgekommen sein soll. Der alte Fachwerkbau wird schon in älteren Quellen, z.B. in einer Klageschrift von 1557 erwähnt. Alte Berichte mögen die Entstehung der Prataucr Faustsage befördert haben. So erschlugen hier im Jahre 1615 Bauern einen betrunkenen Studenten und 1628 starb in Wittenberg eine Frau aus Pratau an den Folgen der Folterung. Sie war der Zauberei angeklagt und hatte nicht gestanden. Den eigentlichen Hintergrund der Prataucr Faustsage erhellt jedoch Johann Georg Neumann 1683: »Denn als im vorigen Kriege, welchen man den Dreißigjährigen nennt, das Ungewitter auch die Wittenbergische Gegend traf, versuchten die Einwohner alles, um der Gefahr zu entkommen oder die Gewalttätigkeit der Feinde abzuhalten. Deswegen hat der Schulze in einem Dorf an der Elbe, Pratau genannt, einen Soldaten, der ihm auf den Hals kam, bereden wollen. Er wohnte in dem Hause, darinnen Faust ein schreckliches Ende genommen, wie er denn eine blutige Wand gezeigt (an welche er Ochsenblut geschmiert hatte), vor welcher etliche Soldaten gelaufen.«[33] Mit der Schauermär von Fausts Tod hielt sich also der Pratauer Dorfschulze die Landsknechte vom Leibe.

Es gibt keinerlei Anzeichen dafür, daß Martin Luther und Faust jemals persönlich zusammengetroffen sind, weder in den Schriften Luthers noch in seiner umfangreichen Korrespondenz, vor allem mit Melanchthon, der Faust selber ja nur einmal erwähnt. Der Grund des Zusammentreffens Melanchthons mit Faust mag darin zu suchen sein, daß Faust als Astrologe und Horoskopsteller durch die Lande zog und Melanchthon, im Unterschied zu Luther, für die Astrologie anfällig war. Gelegentlich jedoch erwähnte der Reformator den Schwarzkünstler. In der ersten Hälfte der dreißiger Jahre des 16. Jahrhunderts berichtet Veit Dietrich in einer von ihm niedergeschriebenen Tischrede Luthers: »Da über Tisch zu abends eines Schwarzkünstlers, Faustus genannt, gedacht ward, saget Doktor Martinus ernstlich: Der Teufel gebraucht der Zauberer Dienste wider mich nicht; hätte er mir gekonnt und vermocht, Schaden zu tun, er hätte es lange getan. Er hat mich wohl oftmals schon bei dem Kopf gehabt, aber er hat mich dennoch müssen gehen lassen. Ich hab ihn wohl versucht, was er für ein Geselle ist. Er hat mir oft so hart zugesetzt, daß ich nicht gewußt habe, ob ich tot oder lebendig sei...«[34] In einer anderen Tischrede erwähnt Luther Faust ein zweites

Mal: »Der Zauberei und der Schwarzkunst geschah Erwähnung, wie der Teufel die Menschen verblendet. Viel sprachen sie (*die Tischgenossen - V.J.*) von Faust, welcher den Teufel seinen Schwager hieß, und hat sich lassen hören: Wenn ich, Martin Luther, ihm nur die Hand gereicht hätte, wollte er mich verderbt haben; aber ich wollte ihn nicht gescheuet haben, ich hätte ihm die Hand hingestreckt im Namen des Herrn, unter Gottes Schutz...«[35] Neben diesen spärlichen Erwähnungen Fausts durch Luther gibt es einige von diesem auf andere Personen als Faust bezogene Anekdoten, die später Eingang in das Volksbuch fanden, was schon Ernst Kroker veranlaßte, in Luthers Tischreden eine Hauptquelle der Faustsage zu sehen. Solche Analogien betreffen unter anderem das Auftreten des Teufels in einem Mönchsgewand, ein Geweih, das der Teufel bzw. Faust dem Kaiser bzw. einem Adligen wachsen läßt und die Verjagung des Teufels durch einen alten Mann.

Diese häufigen und bis in Details reichenden Parallelen zwischen Äußerungen Luthers und dem Volksbuch waren einer der Gründe, warum die Faustforschung bis heute im allgemeinen als Verfasser einen reformatorisch Gesinnten und im Volksbuch eine lutherische Tendenzschrift sieht. Weitere Gründe, die für einen solchen Verfasser des Volksbuchs sprächen, legte zusammenfassend 1896 Erich Schmidt, der entschiedenste Verfechter der lutherischen Tendenz des Faustromans dar. Schmidt behauptete, der Verfasser des Volksbuchs sei ein »entschiedener Protestant, ein Mann von ausgeprägten theologischen Interessen«[36]. Sogar ein Theologiestudium wird für möglich gehalten, jedoch nicht in Wittenberg, wie es Witekind bereits nachgewiesen habe. Fausts Abfall vom Glauben gerade im Zentrum der Reformation deute auf einen lutherischen Verfasser hin, da dieser Abfall von der Wittenberger (reformatorischen) Theologie gleich am Anfang des Buches gewissermaßen als Verhängnis erscheine, aus dem heraus sich das lasterhafte Leben Fausts und sein schreckliches Ende mit Konsequenz ableiten.

Im Jahre 1912 trat Eugen Wolff mit einer völlig konträren Auffassung an die Öffentlichkeit. In einer faszinierenden, profunde Quellenkenntnis ausweisenden Arbeit versuchte er nachzuweisen, daß die (nicht überlieferte) Urgestalt des Volksbuchs eine papistische Satire und Parodie auf Luther und die Reformation sei, und zwar mit großer Wahrscheinlichkeit aus der Feder des 1552 zur römischen Kirche konvertierten Theologen Johann Nas (1534-1590). Da die widerstreitenden Parteien des Reformationszeitalters sich gegenseitig des Teufelsbündnisses bezichtigten, lag es nahe, sich sowohl von lutherischer als auch papistischer Seite schon frühzeitig der Faustlegende zu bedienen. Wolff argumentiert nun, daß der nachweisbare Anteil lutherischer bzw. antipäpstlicher Elemente von der frühesten bekannten Fassung des Volksbuchs, einer Wolfenbütteler Handschrift, über den Druck von 1587 bis zur Widmannschen Neufassung 1599 zunähmen. Daraus schlußfolgerte er, daß die Urfassung keinerlei lutherische Elemente aufgewiesen habe. Die katholischen Spuren seien jedoch auch in den später im lutherischen Sinne redigierten Fassungen klar nachweisbar, z.B. die häufige Erwähnung der Heiligen, die epikureische Auffassung der Renaissance, die maliziös ausgemalte Vorstellung von Paradies und Hölle. Auch die demonstrativen erotischen und bacchanalischen Ausschweifungen gerade in der Fastenzeit seien für einen lutherischen Verfasser völlig undenkbar. Die Verlegung fast des gesamten Lebens Fausts nach Wittenberg könne nur als Parodie auf das Zentrum der Reformation verstanden werden, was schon Witekind erkannt habe. Weiterhin finden sich die archetypischen Kennzeichnungen Fausts als Bacchus, antichristlicher Zauberer, als Teufelsbündner und Manichäer gleicherweise in der antilutherischen Polemik. Wolff meint sogar, daß der Name des bösen Geistes Mephostophiles eine Verballhornung des Namens des der Astrologie zuneigenden Melanchthon sein könne.

Die Mär von der satanischen Abstammung Luthers setzte

Luther wird vom Teufel unterrichtet (papistisches Spottblatt), Kupferstich, um 1600

schon sehr früh ein. Anfang der dreißiger Jahre des 16. Jahrhunderts berichtet Petrus Sylvius, daß Luthers Mutter Mädchen in einer Badestube gewesen sei und Martin als Sohn eines bösen Geistes, Incubo genannt, geboren habe. Das Kind hätte ein schwarzes Mal auf der Brust und ein Zeichen über dem rechten Auge gehabt. Bei der Taufe habe Martin den Priester besudelt. Da Luther sich durch Geburt, Lebenswandel und Lehre als Geschöpf des Satans erwiesen hatte, mußte er natürlich auch im Tode seine Beute sein. So war es nur folgerichtig, daß über den Tod des Reformators die widersinnigsten Gerüchte in die Welt gesetzt wurden. Diese reichten vom Selbstmord bis zum rätselhaften Verschwinden seiner Leiche unter Zurücklassung eines pestilenzialischen Gestanks, wofür es natürlich nur eine Ursache geben konnte: Luther (Faust) war vom Teufel geholt worden.

Einen dokumentarischen Beweis für seine Schlußfolgerungen sah Wolff darin, daß Widmann in seiner lutherischen Neufassung des Volksbuchs die gesamte Handlung in vorreformatorische Zeit verlegt, jedoch dazu im Gegensatz erwähnt, daß Faust 1521 den Pakt mit dem Teufel geschlossen und 1525 viele Städte und Länder heimgesucht habe. Diese Passage sei nur als Zitat einer älteren, papistischen Quelle erklärbar. Die Jahre 1521 (Wormser Reichstag und Wartburgaufenthalt Luthers) und 1525 (Bauernkrieg) waren Entscheidungsjahre der Reformation und standen daher auch häufig im Zentrum der römischen Polemik. Vom Jahr der Rückkehr Luthers von der Wartburg 1522 bis zu seinem Tode 1546 seien es 24 Jahre gewesen, genau die Laufzeit des Vertrages zwischen Faust und Mephostophiles.

Obwohl die Faustforschung Wolff durchaus Beifall zollte, was die Akribie seiner Arbeit und partielle Erkenntnisse anging, blieb sie weitgehend bei ihrer grundsätzlichen Auffassung der lutherischen Herkunft des Volksbuchs. Wolfgang Brückners Bemerkung von 1974 trifft noch immer zu: »Wolff ist mit seiner Beweisführung bei den Germanisten nicht durchgedrungen, und die Kenntnis seiner interessanten Materialien ging dadurch verloren...«[37] Es wird weiteren Einzeluntersuchungen vorbehalten bleiben, die sicher komplizierten Verbindungen, Bezüge und Schichten der Faustlegende in ihrer Spiegelung mit den Prozessen von Reformation und Gegenreformation klarer herauszuarbeiten.

Der Reformator – ein Trinker und Zechpreller?

DER REFORMATOR war, entweder positiv oder negativ beurteilt, auch ein Mann von lebensfrohem Charakter. Wer kennt nicht den ihm zugeschriebenen Spruch »Wer nicht liebt Wein, Weib und Gesang, der bleibt ein Narr sein Leben lang«. Jedoch auch dieser Spruch stammt nachweislich nicht von Luther. Er findet sich erstmals, bereits dem Reformator zugeschrieben, 1775 im von Matthias Claudius herausgegebenen »Wandsbekker Boten«. Der Dichter Johann Heinrich Voß wiederholte ihn 1777 in seinem »Musenalmanach«. Von dort ging er als Ausspruch Luthers in die Literatur ein. Herder, Hoffmann von Fallersleben, Arndt und viele andere zitierten ihn. Ältere Überlieferungen jedoch muß es in der Tat gegeben haben, da Voß den Reim als »bekannten Sinnspruch« Luthers bezeichnet. Die dichterische Kombination von Frauen, Trinken und Gesang ist so alt wie die Schriftkultur und findet sich unter anderem in der Bibel (Jesus Sirach 40, 20), in den Dunkelmännerbriefen von 1517, einem Gedicht von Valentin Hausmann aus dem Jahre 1597 und natürlich in den Vagantenliedern, die aus Italien und Frankreich im Mittelalter auch nach Deutschland eindrangen. Aber es gibt sogar ein Vorbild für den Reim Gesang – Leben lang, und zwar in Jost Ammans Kartenspielbuch von 1588. Dort heißt es: »Wer da verspott der Musik Gesang, der bleibt ein Narr sein Leben lang.«[38] Möglicherweise hat der Texter Janus Heinricus Schröter aus Güstrow, ein gekrönter Dichter, den Spruch »Wein, Weib und Gesang« verkürzt, da diese Form nicht gut zu Ammans Bildvorlage gepaßt hätte. Dessen Kartenbilder wurden auch als wirkliche Spielkarten gedruckt, was dem Spruch eine weite Verbreitung gesichert haben wird. Unklar bleibt, ob dem Reformator der Spruch bekannt war, und wann er erstmals mit seinem Namen in Verbindung gebracht worden ist. Immerhin gibt es eine

Äußerung Luthers, in der er Trinken, Musik und Frauen in einem Atemzuge nennt, jedoch mit einem dem Spruch entgegengesetzten Inhalt: »Man muß ja einem jeden Lande seine Gebrechen zugute halten. Die Böhmen fressen, die Wenden stehlen, die Deutschen saufen getrost. Denn ... wie wollt ihr jetzt einen Deutschen übertreffen, es sei denn im Trinken, besonders einen solchen, der die Musik und die Frauen nicht liebt.«[39]

Daß Luther ein sehr lebensfroher Mensch sein konnte, der zuweilen einen guten Trunk tat, ist bekannt. Nach eigenen Aussagen hat er auf der Veste Coburg 1530 mit den wenigen Besuchern, die er empfing, 1200 Liter Wein getrunken. In seiner zuweilen saloppen Art äußerte er einmal bei Tisch: »Kann mir unser Herrgott das schenken, daß ich ihn wohl zwanzig Jahre gekreuzigt und gemartert habe mit Meßhalten, so kann er mir das auch wohl zugute halten, daß ich bisweilen einen guten Trunk tue ihm zu Ehren, Gott gebe, die Welt lege es aus wie sie wolle.«[40] Ja, in zwei Briefen an seine Frau vom Juli 1540 teilt er sogar drastisch mit: »Ich fresse wie ein Böhme und saufe wie ein Deutscher.«[41] Häufig äußerte sich Luther jedoch auch scharf gegen den vor allem an den Fürstenhöfen üblichen Alkoholkonsum: »Ich habe neulich zu Hofe eine harte Predigt getan wider das Saufen; aber es hilft nicht. Taubenheim und Minckwitz (*kurfürstliche Räte - V.J.*) sagen: Es könne zu Hofe nicht anders sein, denn die Musika und alles Ritter- und Saitenspiel wäre gefallen, allein mit Saufen wäre jetzt Verehrung an Höfen.«[42] Obwohl der Reformator bekanntermaßen neben Wein auch einen guten Schluck Bier trank, und seine Frau Käthe im eigenen Hause Bier braute, finden sich unter seinen Äußerungen gerade viele gegen das Biertrinken, wohl aber hauptsächlich gegen dessen Mißbrauch: »Ich habe oft den ersten Bierbrauer verflucht. Es wird mit dem Bier soviel Gerste verdorben, daß man damit ganz Deutschland erhalten könnte, und soll es also verderben, daß wir so schändliche Jauche daraus machen, welche wir danach an die Wand pissen.«[43] Für Wein jedoch fand er nur lobende Worte: »Wein ist gesegnet und hat das Zeugnis in der Heiligen Schrift. Bier aber hat nur menschliche Traditionen.«[44]

Den Reformator als moralisch verkommenen Menschen, Säufer und Fresser, Hurenbock und geilen Mönch darzustellen, war schon frühzeitig ein beliebtes Mittel antilutherischer Polemik. Dabei warf man sich geradezu lüstern und in völlig Verkennung des Sinnzusammenhanges auf solche zahlreiche Äußerungen. Daß die Deutschen ein Volk von unmäßigen Trinkern seien, war wohl ein - nicht ganz unberechtigtes - europäisches National(vor?)urteil. Dieses wurde nun auf Luther selbst übertragen. Der Reformator berichtet folgendes. Als seine 95 Thesen dem Papst vorgelegt wurden, soll dieser geäußert haben, »ein voller trunkener Deutscher hätte sie geschrieben; wenn er wieder nüchtern würde, so würde er anders gesinnt werden.«[45] Da er nicht anderen Sinnes wurde, mußte er folglich immer betrunken sein. Der katholische Polemiker Johann Nas faßte die vielen böswilligen Verleumdungen schließlich in der lapidaren Bemerkung zusammen: »Große Gläser aussaufen ist der Lutherischen Wunderwerk.«[46]

Ein Mitschreiber von Luthers Tischreden beschreibt folgende Anekdote, die sich 1540 in Luthers Wittenberger Wohnstube abgespielt haben soll. Zum Abendessen hatte Luther Universitätsangehörige, darunter Johann Agricola, eingeladen. Nach dem Essen ließ der Reformator ein Weinglas mit drei aufgemalten Strichen bringen und es die Runde machen. Als es schließlich zu Agricola kam, erklärte Luther das Glas. Der erste Strich bedeute die Zehn Gebote, der zweite den Glauben, der dritte das Vaterunser und der Grund des Glases den Katechismus. Daraufhin trank der Reformator das Glas bis zur Neige aus, ließ es wieder vollschenken und gab es Agricola, der es nur bis zum ersten Strich zu leeren in der Lage war. Daraufhin habe Luther gesagt: »Ich wußte es vorhin wohl, daß Magister Eisleben (*Agricola - V.J.*) wohl die Zehn Gebote schlukken könnte, aber den Glauben, das Vaterunser und den Kate-

Luther als Siebenkopf mit Nonne (seine Frau Katharina) und Trinkbecher, Ausschnitt aus dem antireformatorischen Spottbild »Der Ketzerbaum«, Holzschnitt, Ende 16. Jh.

chismus würde er wohl zufrieden lassen, denn er hat auch Verwirrung angerichtet, daß man das Gesetz aus der Kirche aufs Rathaus tun soll.«[47] Diese Anekdote bezieht sich auf den antinomistischen Streit zwischen Luther und seinem langjährigen Weggefährten Agricola seit 1537. Letzterer begann, jegliche Gültigkeit der Gesetze des Alten Testaments für Glauben und Leben der Christen abzulehnen. Der Streit spitzte sich schließlich 1540 soweit zu, daß Agricola Wittenberg verließ und als Hofprediger nach Berlin ging.

Diese Anekdote, die sich ursprünglich gegen Agricola wendete, war natürlich für Luthers altgläubige Gegner ein gefundenes Fressen. Eine großformatige Abbildung von Luthers »Katechismusglas« erschien erstmals in einem Buch aus dem

Geistliches Saufduell zwischen Luther und Agricola, Radierung und Kupferstich, 1738

Jahre 1611. In antilutherischen Flugblättern aus den Jahren 1616 und 1618 wurde es nachgedruckt. 1738 schließlich wurde die ganze Anekdote auf einem Holzschnitt bildlich dargestellt. Er erschien als Illustration in einem polemischen Werke aus der Feder des katholischen Kontroverstheologen Johann Nikolaus Weislinger unter dem bezeichnenden Titel »Auserlesene Merkwürdigkeiten von alten und neuen theologischen Marktschreiern, Taschenspielern, Schleichern, Winkelpredigern, falschen Propheten ..., welche sich zu Christi Aposteln verstellen«. Für Weislinger ist die im Wortlaut berichtete

Anekdote ein sicherer Beleg dafür, daß Luther ein unmäßiger Säufer gewesen sei und das Saufen geradezu der »Gottesdienst« der Lutherischen sei. Für das größte Wunder an dieser Wundergeschichte hält Weislinger, daß der Reformator sich bei dieser Gelegenheit nicht zu Tode gesoffen habe, da das Glas ein »ungeheurer Melkkübel« gewesen sein müsse, den er immerhin zweimal hintereinander ausgetrunken habe.

Der antilutherischen Legendenbildung reichte es nun durchaus nicht, den Reformator als wilden Säufer zu kennzeichnen, nein, man mußte ihn auch noch zum Zechpreller machen. Geschichten darüber, daß Luther die Zeche geprellt habe, finden sich in vielen, vor allem katholischen Städten. Auf der Reise nach Worms sei er in Wertheim eingekehrt und die Zeche schuldig geblieben. In Augsburg, wo er gleichfalls einmal seine Wirtshausrechnung nicht bezahlt habe, sei sie schließlich von einem schwedischen Offizier beglichen worden. Nach anderem Berichte wiederum habe der Reformator auf dem Wege zum Wormser Reichstag seine Zeche in Würzburg nicht bezahlt. Auch in den Städten Bischofsheim und München ist er als Zechpreller bekannt, in letzterer allerdings wird ihm zugute gehalten, daß er wegen einer drohenden Gefahr habe fliehen müssen. Eine weitere Legende berichtet, daß Luther 1545 auf seinem in Wirklichkeit nie angetretenen Wege zum Konzil in Trient in der Nähe Bozens die Zeche schuldig blieb, weil er verfolgt wurde. Zusammenfassung und Krönung all dieser Legenden ist folgende. Als Luther in den Himmel reisen will, wird er an der Himmelstüre abgewiesen, weil er seine irdische Wirtshauszeche nicht bezahlt habe.

Verblüffend ist nun, daß es einen ähnlichen Bericht auch für Wittenberg gibt. In der Gaststätte »Goldener Adler« soll Luther gleichfalls einmal die Zeche schuldig geblieben sein und sein Leben lang nicht bezahlt haben. Tatsache ist, daß Luther mit seinen Freunden und Mitarbeitern gelegentlich auch in dieser Gaststätte verkehrt hat, wie beispielsweise ein niederländischer Musiker berichtete.

Mit dem »Goldenen Adler« verhielt es sich folgendermaßen. Als die Stadt 1449 das Recht des Weinschänkens erhielt, baute sie sich ein Weinhaus an der Stelle, wo heute der »Goldene Adler« steht. Als der 1522 begonnene neue Rathausbau 1524 soweit fertig war, daß die Kellerräume bezogen werden konnten, verlegte der Rat seinen Weinschank dorthin. Deshalb verkaufte der Rat am 24. September 1524 das alte Weinhaus an den Stadtrichter Urban Kranepuhl. Der richtete einen Gasthof ein und nannte ihn als Gegenstück zum schon vorhandenen »Bären« – »Zum Adler«. Wenn Luther, und das ist aktenkundig, seit 1525 mehrfach in den Ratsrechnungen als Schuldner von Weinrechnungen des Rats auftaucht, bezieht sich dies also wohl nicht auf den »Goldenen Adler«, sondern auf den städtischen Weinausschank im Rathaus. 1525 heißt es in der Ratsrechnung: »Zwei Schock Groschen, 16 Groschen, 2 Pfennige für Wein, hat Doktor Martinus Luther das ganze Jahr über im Stadtkeller holen lassen und der Rat hat's für ihn bezahlt.«[48] Im Jahre 1528 vermerkte der Kämmerer: »2 Schock Groschen, 1 Groschen, 4 Pfennige für Wein, welchen Doktor Martinus das Jahr über in dem Ratskeller hat holen lassen und der Rat ihn darum nicht hat mahnen wollen.«[49] Und im Jahre 1536 heißt es: »18 Groschen für 2 Kannen Malvasierwein und eine Kanne Renefall hat Doktor Martinus dieses Jahr im Stadtkeller holen lassen, ist aber unbezahlt geblieben.«[50] Ähnliche Vermerke in den Stadtrechnungen finden sich auch für die Jahre 1529, 1530, 1535 und abschließend 1538. Betrachtete es der Rat von Wittenberg als eine Ehre, die Weinrechnungen des berühmten Doktors der Heiligen Schrift bezahlen zu dürfen? Oder fand man im Rat nicht die Courage, ihn zu mahnen? Wir wissen es nicht. Geschmeckt haben wird der Wein Luther allemal. Und das ist schließlich die Hauptsache.

Pfarrer Michael Stiefel und der Weltuntergang

APOKALYPTISCHE Vorstellungen vom Ende der Geschichte und vom Jüngsten Gericht, seit Menschengedenken in vielen Hochreligionen latent vorhanden und auch im Christentum von Anfang an ein wichtiges Element, wurden im späten Mittelalter für die Menschen existenziell. Häufig finden wir gerade in dieser Zeit in der Kunst sogenannte Weltenrichterszenen: Der richtende Jesus Christus kommt auf Wolken zur Erde herab, auf der einen Seite ein Schwert, das Symbol der Rache und Verwerfung, auf der anderen Seite eine Lilie, das Symbol der Gnade und des ewigen Heils. Die Gräber öffnen sich und die Toten entsteigen ihnen. Die Gerechten werden von Engeln zum Tor des Paradieses, also zum ewigen Heil geleitet. Die Verworfenen werden von Teufeln an den Haaren aus den Gräbern gezerrt und in den Schlund der Hölle, also in die ewige Verdammnis geworfen. Bildliche Darstellungen der Apokalypse, am bekanntesten sind die Holzschnitte von Albrecht Dürer, zeichnen visionäre Schreckensbilder. An Ende und Tod gemahnen auch die weitverbreiteten Totentanzdarstellungen.

Solche Vorstellungen gab es auch in der Reformation, am ausgeprägtesten auf dem sogenannten »linken Flügel«, also bei chiliastischen und apokalytischen »Schwärmern«, wie Thomas Müntzer, Melchior Hoffmann und verschiedenen Strömungen der Täuferbewegung. In den Jahren zwischen 1520 und 1524 erschienen zahlreiche Flugschriften, die als Weissagungen und Prophezeiungen das bevorstehende Weltende oder zumindest Katastrophen wie eine neue Sintflut ankündigten. Manche Zeitgenossen sahen im 1524 ausbrechenden Bauernkrieg die Erfüllung solcher Prophetien. Nach dem Bauernkrieg prophezeiten manche Täufer wie z.B. Hans Hut, ein ehemaliger Anhänger Thomas Müntzers, das Jüngste

Gericht für das Jahr 1528. Ein Vorzeichen dafür glaubte er in den auf Wien vorrückenden Osmanen zu erkennen.

Jedoch auch Martin Luther und seine Anhänger waren überzeugt davon, in der Endzeit zu leben und betrachteten das Jüngste Gericht als unmittelbar vor der Tür stehend. Nachdem Melanchthon seit 1544 einen heftigen Kampf gegen das Lotterleben der Wittenberger Studenten geführt hatte, resignierte er 1557. Ein Wittenberger Student berichtet in diesem Jahre, daß dem Professor zuweilen in seinen Vorlesungen die Tränen aus den Augen liefen und er oftmals meinte, der grenzenlose Mutwille der Jugend sei ein Zeichen, daß der Weltuntergang nahe bevorstehe.

Im Volke galten besonders Kometen als Unglücksboten. Möglicherweise in Verbindung mit dem 1531 wieder einmal auftauchenden Halleyschen Kometen wurden in den folgenden Jahren auch kursächsische Landstriche um Wittenberg Schauplatz bizarrer Vorstellungen und Handlungen, in die auch Luther hineingezogen wurde. Es ging dabei um den Theologen und Mathematiker Michael Stiefel (1486/87-1547), einen Augustinermönch aus Esslingen. Schon früh schloß er sich Martin Luther an, nachdem er seine Zweifel bezeichnenderweise durch seine liebsten biblischen Bücher, die Apokalypse des Johannes und das Buch Daniel niedergerungen hatte. Er deutete das Tier im 13. Kapitel der Offenbarung auf Papst Leo X. 1520 schließlich hatte er die damals verbreitete Zahlenmystik so weit getrieben, daß er im geschriebenen Namen des Papstes die Zahl 666, ein Symbol des Satans, zu entdecken vermeinte. Das überzeugte ihn endgültig davon, daß Martin Luther recht habe. Nachdem sich Stiefel schon 1524 in Wittenberg aufgehalten hatte, wurde er durch Vermittlung Luthers 1528 Pfarrer in Lochau. Hier schrieb er wieder ein astrologisches Werk, das 1532 in Wittenberg anonym gedruckt wurde. Da der Jüngste Tag nun unmittelbar bevorstehe, gelte auch Markus 13, daß allein der Vater im Himmel das Datum wisse, nicht mehr. Als Luther sich weigerte, für

Christus als Weltenrichter, Zeichnung nach dem Holzschnitt in der Schedelschen Weltchronik von 1493

dieses Pamphlet ein Vorwort zu schreiben, hat ihn Stiefel mit Schmähungen überhäuft. In einer Anfang 1533 niedergeschriebenen Tischrede berichtete Luther, daß Stiefel angesichts seiner Prophezeiung sein Hausgerät verschenke. Er, Luther, habe ihn vor solchem Unfug gewarnt. Ein entsprechender Brief vom 24. Januar ist überliefert.

Zunächst hatte Stiefel den Weltuntergang noch vor Michaelis (29. September) erwartet, dann auf einen Tag um Allerheiligen (1. November) und schließlich auf den 19. Oktober früh 8 Uhr datiert. Zum 28. September 1533 lud man Stiefel nach Wittenberg. Als er zum Zeugnis für seine Prophezeiungen auf einen Regenbogen, den er gesehen habe, hinwies, hielt ihm Luther entgegen: »Nein, es wird nicht mit Regenbogen zugehen, sondern in einem Schlage wird Feuer, Donner, Blitz die ganze Kreatur verzehren. Es ist nur um einen Schlag zu tun. In einem Augenblick werden wir alle tot und verwandelt sein. Ein gewaltiger, starker Posaunen- oder Trompetenklang wird uns alle erneuern und erwecken. Es wird nicht ein freundlicher Schalmeienklang sein, da es die, die in den Gräbern sind, auch hören sollen.«[51] Für den September und noch einmal für die Woche vom 12. bis 18. Oktober wurde Stiefel zu Landvogt Metzsch zitiert, erschien jedoch nicht. Peter Weller, ein Freund Luthers, wurde schließlich beauftragt, die Ereignisse in Lochau zu beobachten. Auf seinen Bericht hin wollte der Kurfürst den Endzeitpropheten verhaften, was Luther jedoch zu verhindern wußte. Obwohl Stiefel Luther versprochen hatte, öffentlich nichts mehr verlauten zu lassen, war die Mär einmal in der Welt. Bauern verkauften Haus und Feld und verpraßten den Ertrag. Stiefel selbst verschenkte sein Hausgerät und seine Bücher, und nahm den zu ihm strömenden Leuten immer häufiger die Beichte ab. Als der 19. Oktober herangerückt war, glaubte er sich an sein Schweigeversprechen nicht mehr gebunden und hielt vom frühen Morgen an in Lochau Gottesdienst, zu welchem er durch das Horn des Kuhhirten, von manchen tatsächlich für die Posaune des Jüngsten Gerichts gehalten,

Die Beichte; rechter Flügel des Altars in der Wittenberger Stadtkirche (Ausschnitt), Lucas Cranach d.Ä., 1547

blasen ließ. Seine erschütternde Predigt rief in der Kirche ein großes Wehklagen, vor allem der Frauen, hervor. Vor 8 Uhr entließ er seine Gemeinde schließlich unter Trostworten nach Hause. Als die Stunde schlug, kamen jedoch nicht, wie erwartet, der Herr und seine Engel, sondern die Büttel des Kurfürsten, die ihn verhafteten und nach Wittenberg brachten. Da sich Philipp Melanchthon persönlich für Stiefel einsetzte, konnte dieser schon Ende 1534 oder im Jahre 1535 wieder als Pfarrer in Holzdorf bei Wittenberg arbeiten. Fortan enthielt er sich, zumindest für Jahre, astrologischer Prophezeiungen.

In einer Tischrede aus der ersten Hälfte der dreißiger Jahre, die sich gut auf die Ereignisse um Stiefel beziehen können, berichtet Luther, daß der langjährige Wittenberger Ratsherr und Bürgermeister Hans Hohndorf sich angesichts der zu erwartenden Sintflut mit einem Viertel Bier auf das Dach seines Hauses zurückzog, »gleich als würde er nicht zu trinken haben, wenn sie (*die Sintflut - V.J.*) käme«.[52] Hohndorfs Haus steht noch heute (Jüdenstraße 7).

Der angesehene Bürger war von 1502 bis 1532 siebenmal einfaches Ratsmitglied, 1508 und 1513 Kämmerer, zwischen 1511 und 1516 viermal Stadtrichter und zwischen 1517 und 1534 siebenmal Wittenberger Bürgermeister. Er hatte insgesamt ein gutes Verhältnis zu Luther. Gestorben ist Hohndorf im Jahre 1534, also kurz nach den Ereignissen um Stiefel. Luther selbst hat Hohndorfs Witwe in ihrem Schmerz und ihrer Krankheit getröstet.

Unter Beachtung der geschilderten Zusammenhänge erscheint auch folgender alter Bericht in einem neuen Licht. Johann Christoph Lange und Paul Gottlieb Kettner teilten 1731 bzw. 1734 mit, daß Lucas Cranach d.Ä. Hohndorf auf seinem großen Altar in der Wittenberger Stadtkirche bildlich dargestellt habe. Auf dem rechten Flügel, der Beichte und Absolution zeigt, sieht man, wie Stadtpfarrer Bugenhagen einen Bußwilligen absolviert, einen Unbußfertigen jedoch zurückweist. Dieser nun soll Hohndorf sein. Angaben über die Gründe sind nicht zu ermitteln. Jedoch ist nicht auszuschließen, daß die Zurückweisung Hohndorfs von der Lossprechung im Zusammenhang mit seiner unevangelischen Angst vor der »Sintflut« gestanden haben könnte. Aber das bleibt vorerst reine Spekulation.

Die Fehde des Hans Kohlhase

HANS KOHLHASE war ein begüteter Kaufmann aus Cölln an der Spree, ein klarer und gebildeter Kopf, der sogar eines einfachen Latein mächtig war. Im Herbst 1532 hatte er seine Waren, Honig, Speck und Heringe, mit Geleit zur Leipziger Herbstmesse vorausgeschickt und folgte zu Pferde nach. Am 1. Oktober 1532 kehrte Kohlhase abends im Dorfkrug in Wellaune in der Dübener Heide ein. Als Bauern ihn nach dem Woher und Wohin fragten, antwortete er stolz, daß sie das nichts anginge. Im Gefolge des sich nun zuspitzenden Wortgefechts erhoben die Bauern den Vorwurf des Pferdediebstahls. Der folgenden handgreiflichen Auseinandersetzung konnte sich der Kaufmann nur durch die Flucht unter Zurücklassung seiner zwei Pferde entziehen. Bereits am nächsten Tag früh 10 Uhr traf er in Leipzig ein, also nur wenige Stunden später als es mit seinen Pferden möglich gewesen wäre. Kohlhases Geschäfte in Leipzig gingen schlecht. Auf dem Rückwege forderte er in Wellaune von dem Adligen Günther von Zaschwitz seine Pferde zurück. Der Junker verwies Kohlhase an den Dorfrichter, der seinerseits die Pferde nur gegen Zahlung eines Futtergeldes in Höhe von 5-6 Groschen herausgeben wollte. Das Ansinnen empfand der Kaufmann als Verhöhnung und zog ohne seine Pferde heim. Infolge der ungünstigen Leipziger Geschäfte konnte er seine Schulden nicht fristgerecht zahlen und mußte daher Haus, Hof, Äcker und Wiesen verpfänden. Den Schuldigen für diese Unbill sah Kohlhase in Zaschwitz, gegen den er den sächsischen Kurfürsten um Hilfe bat. Dieser setzte schließlich durch, daß die Angelegenheit auf einem Rechtstage in Düben am 13. Mai 1533 verhandelt würde. Dort forderten Kohlhase und sein Anwalt die Rücknahme der Beschuldigung des Diebstahls und statt der heruntergewirtschafteten Pferde ihren doppelten Wert in Geld, dazu 150 Gulden für den angeblich in Leipzig erlittenen Schaden. Zaschwitz hielt gegen und forderte jetzt ein Futtergeld für ein halbes Jahr in Höhe von 12 Gulden. Unter dem Druck des kurfürstlichen Landvogts Metzsch gab der Kaufmann schließlich nach und nahm seine Pferde zurück, jedoch nur unter dem Vorbehalt, demnächst im Amt Bitterfeld seine Ansprüche erneut vorzubringen. Jedoch bereits am nächsten Tage starb eines seiner Pferde. Am 25. Juli schilderte Kohlhase dem sächsischen Kurfürsten selbst das erlittene Unrecht. Dieser beauftragte den Landvogt und den Juristen Hieronymus Schurff, Rechtstage einzuberufen. Zaschwitz jedoch wich diesen unter allen möglichen Vorbehalten und Vorwänden aus und forderte mit Nachdruck die 12 Gulden Futtergeld. Der Landvogt gab Kohlhase in allen Punkten recht. Der war sogar um des lieben Friedens willen bereit, mit seinen Forderungen an Zaschwitz auf 4 Gulden herunterzugehen. Dieser jedoch blieb stur. So verging das Jahr 1533. Am 15. Februar 1534 eröffnete der Landvogt Kohlhase die Sturheit von Zaschwitz und empfahl jenem, sich erneut an den Kurfürsten zu wenden. Jetzt riß dem Betrogenen der Geduldsfaden. Wenige Tage später erschien sein berühmter Fehdebrief, den er am 12. März in Baruth aufgegeben hatte. Der Schluß lautet: »Weil ich nun nichts mehr als meinen Leib und mein Leben vorzusetzen habe, so will sich gebühren, daß ich meine Ehre und meinen Glimpf, wie das einem Ehrliebenden zusteht, zur Notdurft verteidige; ich will aller Welt List und Behendigkeit gebrauchen, will sein Gottes und aller Welt Freund, allein Günther von Zaschwitz und dem ganzen Land zu Sachsen abgesagter Feind, wo ich sie bekomme, an Händen und Füßen lähmen, auch rauben und brennen, sie hinwegführen und schatzen, bis mir Günther von Zaschwitz Abtrag tut und meinen Schaden, so ich allenthalben darüber genommen, zur Billigkeit erstattet.«[53] Seinen Humor aber hatte Kohlhase behalten: Er datierte den Brief auf den Tage »Schlag zu«.

Natürlich verbreitete sich im ganzen Lande eine große Unruhe. Auch in Wittenberg wurden die Wachen verstärkt, die Tore besetzt und jeder Troß kontrolliert. Ein Bote brachte die Nachricht zum Brandenburger Kurfürsten. In Sachsen hoffte man, daß dieser die Sache bereinige und Kohlhase das Handwerk lege. In Sachsen hatte man ein schlechtes Gewissen, da die Sache »ins Vergessen kommen« sei. Die traditionelle Rivalität zwischen den beiden Kurfürsten, verstärkt durch die Tatsache, daß der Brandenburger Anhänger der römischen Kirche geblieben ist, hatte für Kohlhase durchaus positive Auswirkungen. Dazu kam, daß einige Jahre zuvor der Ritter Nickel von Minckwitz von sächsischem Territorium aus brandenburgische Gebiete gebrandschatzt hatte. All das führte dazu, daß der Brandenburger jahrelang Kohlhase gewähren ließ und ihn de facto deckte. Zunächst antwortete er, daß er sich zu einem Vorgehen gegen Kohlhase außerstande sähe, zumal dieser durch die sächsische Justiz zu seinem Schritt veranlaßt worden sei.

Derweil schien Kohlhase loszuschlagen. Am 9. April 1534 brannte Wittenberg an zwei Stellen und in der Nacht darauf brannte das benachbarte Dorf Schützberg. Am 10. April brannte es erneut in Wittenberg. Allenthalben hielt man Kohlhase für den Täter, zumal zur gleichen Zeit dessen Schwager in Wittenberg arglos seine Verwandtschaft mit dem vermeintlichen Brandstifter bezeugte. Fuhrleute, die in die Stadt kamen, berichteten, daß der Kaufmann sich ihnen vor den Toren gezeigt und erklärt habe, daß einige seiner Leute in der Stadt seien und sie brandschatzen würden. Sicherheitshalber sagte man in Wittenberg den Jahrmarkt am 20. April ab, verhaftete den Schwager und andere Verdächtige, konnte ihnen jedoch nichts nachweisen. Schließlich wurde der wahre Täter, der mit Kohlhase nichts zu tun hatte, verhaftet und verurteilt.

Gegen Ende 1534 wandte sich der Aufrührer an Luther persönlich um Hilfe. Am 8. Dezember antwortete der Reformator und warnte den Kaufmann vor Selbstjustiz. Komme Kohlhase nicht legal zu seinem Recht, müsse er die Sache Gott überlassen. Neues Unrecht jedoch sei unverantwortlich.

Zur gleichen Zeit, nämlich am 6. Dezember, begannen in

Jüterbog erneute Verhandlungen, in deren Ergebnis sich die Anwälte von Zaschwitz zur Zahlung von 600 Gulden an Kohlhase bereitfanden. Kaum war man auseinandergegangen, beklagte sich jedoch Zaschwitz' Witwe Sophia beim sächsischen Kurfürsten über die hohe Summe, worauf dieser am 15. Dezember 1534 den Vertrag schriftlich für ungültig erklärte. Er befürchtete wohl, nicht ganz unberechtigt, eine Präzedenzwirkung, wenn man Rechtsansprüche mit Fehden erfolgreich untermauern konnte. Als Kohlhase am 26. Dezember in Berlin die schriftliche Mitteilung des Landvogts erhielt, daß der Vertrag ungültig sei, antwortete er dem Boten nur kalt: »Sagt eurem Landvogt, ich habe die Meinung wohl vernommen.«[54]

In Wittenberg wurde sofort Alarm geschlagen und streifende Rotten begannen außerhalb nach Kohlhase zu fahnden. Es kursierten Gerüchte über allerlei Freveltaten, aber selbst Metzsch äußerte, er glaube nicht, daß sie von Kohlhase herrühren: »Solche und dergleichen leichtfertige Reden sind zu Wittenberg leider gewöhnlicher, als gut Bier.«[55] In Wirklichkeit hielt sich Kohlhase noch längere Zeit an Luthers Mahnungen. Am 14. März 1535 jedoch war seine Geduld offensichtlich zu Ende. Mit drei Anhängern erschien er in Jüterbog und bedrohte zwei Tage lang dort anwesende Wittenberger Bürger. Keiner von ihnen durfte die Herberge verlassen. Kohlhase schoß Feuerpfeile in den Tisch und drohte, den Gefangenen die Hände abhauen zu wollen, die Lochauer Heide anzustekken und das Wild in die Mark Brandenburg zu jagen. Plötzlich jedoch lenkte er ein, zechte mit den eben noch Bedrohten und entließ sie schließlich mit einem unflätigen Gruß an den Wittenberger Bürgermeister, geschrieben auf eine deutsche Spielkarte, die grüne Zehn, die noch heute im Thüringischen Landeshauptarchiv Weimar aufbewahrt wird.

Nachdem Kohlhase am 26. Mai 1535 die Mühle zu Gommig gebrandschatzt und den Müller mißhandelt hatte, wechselten sich bis zum Juli 1538 mehrmalige erneute Vorstellungen der sächsischen Behörden beim brandenburgischen Kurfürsten und erneute Verhandlungen mit Kohlhase ab, beides allerdings ohne praktische Konsequenzen.

Am 5. Juli 1538 beging der Kaufmann in seinem Zorn den schwerwiegenden Fehler, dem brandenburgischen Kurfürsten einen von diesem am 5. Februar 1536 ausgestellten Schutzbrief zurückzuschicken. Jetzt machte Kohlhase ernst. Mitte Juli 1538 lauerte er im Amte Storkow dem von der Frankfurter Messe heimkehrenden Wittenberger Bürger Georg Reiche auf, um ihn als Geisel zu nehmen. Zunächst verfehlte er ihn, erreichte ihn jedoch am 23. Juli bei Seehausen, nahe Jüterbog. Reiches Frau schickte er mit einem Brief nach Wittenberg. Dreieinhalb Tage lang wurde Reiche mit verbundenen Augen zu Pferde kreuz und quer durch das Land geführt, wonach ihm gestattet wurde, Briefe zu schreiben. Nun sah sich auch der Brandenburger Kurfürst genötigt, den sächsischen Häschern zu erlauben, den Kaufmann auch in den märkischen Gebieten zu verfolgen. In seinen Briefen bat Reiche inständig, Kohlhase Gerechtigkeit widerfahren zu lassen. Ob er ehrlich von dessen Unschuld überzeugt war oder unter Druck handelte, bleibt offen. Schließlich wurde Kohlhase auf der Insel Wellatze bei Mernsdorf von den Knechten der Gebrüder von Birkholz überfallen. Zwar konnte er entkommen, mußte jedoch Reiche und einen eigenen Knecht zurücklassen. Allerorten war die Aufregung groß. Kohlhase war das Gesprächsthema Nummer eins. Manche wollten ihn gleichzeitig in Pommern und im Harz gesehen haben. Ganz offensichtlich konnte Kohlhase mit Unterstützung oder wenigstens stiller Billigung eines Großteils der Landbevölkerung Brandenburgs und Sachsens rechnen. Hilfreich war ihm außerdem, daß er nicht etwa mit hundert Mann, wie in Heinrich von Kleists Roman »Michael Kohlhaas« zu lesen, operierte, sondern daß er zumeist nur drei bis fünf Mann bei sich hatte. Zudem besaß er eine hervorragende Logistik. Gemäß dem Motto »getrennt marschieren, vereint schlagen« vereinbarte er mit seinen Gesellen Treffpunkte, an denen man sich zu den geplanten Anschlägen traf.

Am spektakulärsten war die Plünderung des Dorfes Marzahna nördlich von Wittenberg. Am Abend des 7. November 1538 brandschatzte er mit 35 Männern das Dorf und durchbohrte den kurfürstlichen Geleitsmann Michael Hayn mit seinem Spieße. Abschließend setzte die Rotte noch das nahegelegene Schmögelsdorf in Brand.

Immer wieder plagten Kohlhase offensichtlich Gewissensbisse, weshalb er zum Einlenken bereit war. Die Einflüsterungen seiner Familie und seiner Spießgesellen, sowie der Zorn über die Nachrichten von Folterungen und Hinrichtungen gefangengenommener Mitstreiter ließen ihn immer wieder den Pfad der Rache betreten. So war bereits am 21. Oktober 1538 Bernhard Krüger durch den Strick hingerichtet worden. Kohlhase hatte ihm gegen einen Gulden den Auftrag erteilt, Wittenberg anzuzünden. Krüger war auch nach Wittenberg gegangen. Skrupel hielten ihn zwar von der Brandstiftung ab, nicht jedoch von Diebstählen. Zwei der Teilnahme an dem Überfall auf Marzahna Beschuldigte wurden durch sächsische Exekutoren am 22. November 1538 aufs Rad geflochten. In der Nacht vom 15. zum 16. Dezember wagte sich Kohlhase mit drei Gesellen zur Richtstätte bei Zinna, löste die Leichen von den Rädern und ließ diese mit einem Zettel versehen den Berg hinunterrollen. Auf dem Zettel stand: »Recte judicate, Filii hominum«[56] (Urteilt gerecht, ihr Söhne der Menschen!) Der Überfall Kohlhases auf Marzahna war für Luther Anlaß, mit seinem sächsischen Landesherrn ins Gericht zu gehen. Hätte man, wie der Landgraf von Hessen, rechtzeitig Raubrittern und Strauchdieben konsequent das Handwerk gelegt, hätte sich Kohlhase seine Dreistigkeiten nie erlaubt. »Weil der Kohlhase begann, Blut zu vergießen, soll er's nicht lange treiben. Das Blut soll ihn ersäufen!«[57]

Auf erneutes Drängen Sachsens sah sich der Brandenburger Kurfürst Anfang 1539 schließlich zu konsequenteren Schritten veranlaßt. Am 2. Januar veröffentlichte er ein Ausschreiben mit der Aufforderung, bei der Gefangennahme Kohlhases zu helfen. Faktisch jedoch tat er nichts. Als am 8. Januar in Fürstenwalde ein Gefährte des Kaufmanns ergriffen und hingerichtet wurde, kam es zum offenen Aufruhr in der Bevölkerung, angestachelt sogar durch den Pfarrer und den Organisten. Fluchtartig mußten die sächsischen Richter die Stadt verlassen.

In der Nacht vom 19. auf den 20. Februar 1539 entführte Kohlhase den Müller von Stangenhagen bei Blankensee. Dieser Vorfall gab Luther Anlaß, in einem Brief an Melanchthon vom 2. März die panischen Verteidigungsbemühungen sarkastisch zu glossieren: »Da wir die Sache spät erfuhren, haben wir tapfer einen Ausfall gemacht in ein benachbartes Feld, nicht weit von unseren Mauern und, wie es sich geziemt für gemalte Christophorusse und hölzerne George, mit etlichen Schüssen die Wolken und Sterne in Schrecken gesetzt.«[58] Weiter äußerte Luther die Vermutung, daß der brandenburgische Kurfürst Kohlhase beschütze.

Anschließend hielt sich dieser längere Zeit in der Stadt Brandenburg auf, was selbst dem dortigen Bürgermeister bekannt war. Die Kinder scharten sich lärmend um den Mann im weißen Mantel und mit blauem, federgeschmückten Hut. Auch Freunde Luthers meinten, ihn dort gesehen zu haben. In Wittenberg selbst räumte man alle vor der Stadt liegenden Holzbalken beiseite, damit sie Kohlhase nicht als Brücken über die Gräben nutze. Anfang April wurden zwei seiner vermeintlichen Komplizen in Mittenwalde und in Gransee verhaftet. Lange verweigerte die brandenburgische Regierung den sächsischen Richtern das Verhör. Schließlich jedoch mußte sie diesem zustimmen. Die Verhafteten wurden mit Zangen gezwickt und gebrannt, gestreckt, eingeschraubt und schließlich am 19. Juni 1539 hingerichtet. Zu dieser Zeit äußerte Luther in einem Brief an Kurfürst Johann Friedrich einmal mehr den Verdacht, daß die Untaten gar nicht von Kohlhase, sondern von Raubrittern verübt würden, die sich hinter jenem nur versteckten.

Kohlhase selbst hatte offensichtlich wieder einmal genug von dem Treiben. Nach Aussage der Gefangenen habe er ins Vogtland übersiedeln wollen. Am 26. Mai 1539 bat er schließlich unter dem Namen Jörg Platte um Schutz und Niederlassung im Fürstentum Braunschweig, erhielt jedoch keine Antwort.

Der märkische Chronist Peter Hafftitz (um 1525 - um 1602) berichtet nun ohne jede Zeitangabe in seiner zunächst nur handschriftlich verbreiteten märkischen Chronik, daß Kohlhase Luther in Wittenberg heimlich persönlich besucht habe. Verkleidet und in Begleitung eines Knechts sei er vor Luthers Hause erschienen und habe auf einem persönlichen Gespräch mit Luther bestanden. Als dieser an der Pforte erschien und fragte, ob der Gast etwa der Kohlhase sei, habe dieser geantwortet: »Sum Domine Doctor« (Ich bin es, Herr Doktor). Luther und andere Theologen hätten sich bis tief in die Nacht Kohlhases Erklärungen angehört und ihm schließlich das Sakrament gereicht. Luther habe versprochen, sich für Kohlhase einzusetzen, worauf dieser seinerseits zugesichert habe, nicht mehr zu brandschatzen. Wenngleich auch C.A.H.Burkhardt schon 1864 an dieser Schilderung Zweifel geltend machte, hielt er die Begebenheit immerhin in der Mitte des Jahres 1539 für möglich. Für eine persönliche Begegnung des Reformators mit Kohlhase gibt es jedoch keinerlei historischen Beleg und alle Äußerungen Luthers lassen sie als ausgeschlossen erscheinen. Offensichtlich handelt es sich um eine von Hafftitz selbst oder einem anderen erfundene Legende, um entweder Kohlhase oder die brandenburgische Regierung zu entlasten. Auch Kleist, der auf Hafftitz' Chronik fußt, beschreibt einen heimlichen Besuch des Aufrührers bei dem Reformator. Hier jedoch verweigert dieser Kohlhase das Sakrament.

Am 17. Juni 1539 bat Kohlhases Frau und Mutter seiner drei Kinder von Cölln aus noch einmal inständig den sächsischen Kurfürsten um Gerechtigkeit und Gnade für ihren Mann. Johann Friedrichs Antwort jedoch bestand am 20. Juni in einer nochmaligen Abordnung nach Berlin, um den brandenburgi-

Luther empfängt Hans Kohlhase, Lithographie von Carl Wilhelm Kolbe d.J., 1817

schen Kurfürsten zu einem aktiven Vorgehen gegen den Kaufmann zu drängen. Obwohl der Brandenburger noch einmal versuchte zu lavieren, mußte man sich schließlich doch auch in Brandenburg bereitfinden, gegen Kohlhases Anhänger vorzugehen. Es wurden 115 Personen verhaftet, darunter Adlige, Bürgermeister, Landrichter, Krüger, Müller und sogar Pfarrer. Nun war die Eskalation nicht mehr zu stoppen. Unter den Einflüsterungen seines Gefährten Georg Nagelschmidt, einem ehemaligen Landsknecht und berüchtigten Raufbold, begann Kohlhase nun, auch den eigenen Landesherrn zu befehden. Bei Stolpe überfiel er einen brandenburgischen Silbertransport aus dem Mansfeldischen. Die Beute wurde unter einer Holzbrücke versteckt. Der dort später entstandene Ort erhielt den Namen Kohlhasenbrück. Nun verlor der Rächer wohl auch seinen Rückhalt in der Bevölkerung. Zu Beginn des Jahres 1540 gelang es schließlich, ihn nach Berlin zu locken und zusammen mit Nagelschmidt zu verhaften. Am 8. März 1540 brachen die sächsischen Richter zum Verhör nach Berlin auf. In einem dreistündigen Bericht rechtfertigte sich Kohlhase und sah keinen Anlaß, Reue zu bekunden. Als ihn noch die Kunde erreichte, daß seine ebenfalls verhaftete Frau zwei tote Kinder geboren habe, hielt ihn nichts mehr im Leben. Er wurde zum Tod auf dem Rad verurteilt. Als seine Anhänger um die Gnade des Todes durch das Schwert baten, rief Nagelschmidt aus: »Sind wir gleiche Brüder gewesen, so ziemen uns auch gleiche Kappen.«[59] Der Ruf seines Freundes rührte den Verurteilten und er schlug die Gnade aus. Am Nachmittag des 22. März 1540 wurde Hans Kohlhase vor einer riesigen trauernden Menge vor dem Berliner Georgentor hingerichtet. Diese große Sympathie der Menschen ließ ihn bis zuletzt den Spruch wiederholen: »Nie sah ich einen Gerechten verlassen.«[60] Martin Luther berichtet, daß noch vierzig weitere Anhänger Kohlhases hingerichtet wurden.

Kaiser Karl V. am Grabe Luthers

NACHDEM 1539 das albertinische Herzogtum Sachsen und 1541 das mächtige Kurfürstentum Brandenburg lutherisch geworden waren, löste sich das mühsam austarierte politisch-konfessionelle Kräftegleichgewicht zwischen altgläubigen und protestantischen Reichsständen zugunsten letzterer auf und der Kaiser favorisierte nun eine militärische Lösung, um den Spieß umzudrehen. Nur kurze Zeit nach Luthers Tode, im Herbst 1546, kam es zum Krieg zwischen den Truppen der Kaiserlichen und des protestantischen Schmalkaldischen Bundes. Als sich der lutherische Herzog Moritz von Sachsen auf die Seite des Kaisers stellte, neigte sich die Waage zugunsten des letzteren. In der Schlacht bei Mühlberg am 4. April 1547 wurden die Truppen des protestantischen sächsischen Kurfürsten Johann Friedrich geschlagen und dieser selbst gefangengenommen. Daraufhin belagerten die kaiserlichen Truppen die Stadt Wittenberg und setzten die Vorstädte in Brand. Um die Stadt in die Knie zu zwingen, ließ Karl V. am 10. Mai dem Kurfürsten zum Schein das Todesurteil verkündigen und das Blutgerüst aufstellen. Damit erreichte der Kaiser, daß der Kurfürst am 18. Mai die »Wittenberger Kapitulation« unterschrieb, in der er die Stadt übergab und auf die Kurwürde verzichtete. Daraufhin brach aus Sorge vor möglichen Greueltaten der vor allem spanischen Soldateska in der Stadt große Angst aus. In Verhandlungen konnte immerhin erreicht werden, daß die Stadt nur von deutschen Truppen besetzt wurde. Am 23. Mai ritt der Kaiser mit seinem Gefolge in die Stadt ein. Stadtpfarrer Bugenhagen berichtete ausführlich darüber. Der Kaiser habe zunächst Einlaß in die Stadtkirche begehrt, da jedoch der Küster mit den Schlüsseln nicht aufzufinden gewesen wäre, sei er zur Schloßkirche weitergeritten und habe dort u.a. an der Grabstätte seines großen Gegners Luther verweilt. So weit die historischen Fakten.

In der Wittenberger Lutherhalle ist ein großes Gemälde des

Dresdener Malers Adolf Friedrich Teichs aus dem Jahre 1845 zu besichtigen, auf dem folgende alte Legende eine bildliche Darstellung erfuhr. Nach dem Schmalkaldischen Kriege steht der Kaiser mit seinem Gefolge, unter anderem seinem langjährigen Beichtvater und Berater Granuella und dem Herzog Alba, der später im blutigen Kampf gegen die niederländischen Reformierten traurige Berühmtheit erlangen sollte, in der Schloßkirche am von Handwerkern schon geöffneten Grab seines langjährigen Hauptfeindes Martin Luther. Der fanatische Alba verweist auf das Grab und fordert den Kaiser auf, die Gebeine Luthers noch nachträglich als die Gebeine eines notorischen Ketzers den Flammen zu übergeben. Darauf habe nun der Kaiser, seinem großen Gegner im Tode eine letzte Ehre erweisend, geantwortet: »Er hat seinen Richter gefunden. Ich führe Krieg mit den Lebenden und nicht mit den Toten«. Die Ursprünge dieser Legende lassen sich bis in die Zeit des Schmalkaldischen Krieges zurückverfolgen. Die frühesten Berichte über die eigentliche Legende stammen von Cyriakus Spangenberg 1594, Johann Wolff 1600 und Matthäus Dresser 1606. Alle drei wirkten zeitweilig entweder selbst in Wittenberg oder hatten zumindest gute Verbindungen in die Universitätsstadt, so daß ihre Berufung auf mündliche Berichte von Augenzeugen durchaus der Wahrheit entsprechen können. Eine dieser mündlichen Quellen könnte der Leibarzt des Kurfürsten Johann Friedrich, Matthäus Ratzeberger sein, der sich allerdings zur Zeit des Schmalkaldischen Krieges nicht in Wittenberg aufhielt. Er berichtet in überlieferten handschriftlichen Aufzeichnungen: »Darauf ritt der Kaiser in eigner Person bald aus dem Lager in die Stadt und die Schloßkirche, da Doktor Luther begraben liegt, ließ sich sein Begräbnis zeigen, welches ihm ein Studiosus von Quedlinburg, Johann Burges genannt, zeigte, aber der Kaiser ließ dasselbige Begräbnis im geringsten nicht versehren, wie feind die Spanier sonst D. Luthern gewesen und noch in der Grube waren...«[61]

Diejenigen Autoren, die die Begebenheit für eine Legende

hielten, beriefen sich darauf, daß in authentischen Quellen über den Schmalkaldischen Krieg und über das Leben Karls V. kein Wort über den Vorfall zu lesen sei. Weder bei dem Augenzeugen Johannes Bugenhagen, noch in den zahlreichen überlieferten Äußerungen Granuellas, noch in denen des Kaisers selbst findet sich irgendein Anhaltspunkt. Wenngleich auch der spanische Geschichtsschreiber Luis de Avila y Zuniga, der selbst am Schmalkaldischen Krieg teilgenommen hatte und darüber berichtete, nichts über irgendwelche Worte Karls V. am Grabe Luthers zu vermelden wußte, verglich er immerhin Karls großzügiges Verhalten gegenüber der Gattin des verhafteten und zum Tode verurteilten Kurfürsten mit dem Verhalten Alexanders des Großen, der die gefangene Mutter des persischen Königs auch rücksichtsvoll behandelt habe. Der Historiker zog daraus den Schluß, daß ein Sieg um so glänzender sei, je maßvoller er genutzt werde. Eine solche Sicht der Dinge war für die Verwirklichung von Karls politischen Zielen nach dem Schmalkaldischen Kriege eine Voraussetzung. Ein totaler Affront gegen die besiegten Protestanten hätte sein politisches Ziel der Einigung des Reichs unter seiner Führung eher behindert, denn gefördert.

Gleichwohl darf man folgende Faktoren nicht übersehen, die eher den legendarischen Charakter der Begebenheit unterstreichen. Eine ähnliche Darstellung findet sich nämlich schon fast wörtlich bei dem griechischen Historiker Diodor. In den Punischen Kriegen erwiderte der Karthager Hamilkar Barkas den Herolden des Gajus Fundulus, die um die Erlaubnis zur Bestattung ihrer Toten bitten, er gestatte das Begraben, weil er Krieg nur mit den Lebenden führe. Mit den Toten sei er ausgesöhnt. Als die Truppen Karthagos den Leichnam des römischen Feldherrn Sempronius Blaesus zerstückeln wollen, wehrt ihnen Hannibal mit den Worten, man dürfe nicht Rache nehmen an einem Körper, der nicht mehr fühle. Wenngleich natürlich nicht auszuschließen ist, daß Kaiser Karl V. dank seiner gelehrten Ratgeber diese Äußerungen geläufig waren, und er sie folglich möglicherweise für sich selbst rezipiert hat, sollte man nicht außer acht lassen, daß religiöse Toleranz für den Kaiser etwas ganz und gar Unvorstellbares war. Bis zuletzt ist er überzeugt gewesen, daß man die Ketzer verbrennen müsse, und er hat bedauert, daß er Luther gemäß dem versprochenen freien Geleit aus Worms habe entkommen lassen.

Offensichtlich im engen Zusammenhang mit dieser Legende steht eine andere. Noch vor dem Schmalkaldischen Kriege hätten Wittenberger Anhänger des Reformators aus Angst vor befürchteten Anschlägen der kaiserlichen Truppen auf den Leichnam des Reformators diesen heimlich aus dem Grabe entfernt und an einem geheimgehaltenen Ort, gelegentlich wurde das Dorf Teuchel genannt, beigesetzt. Von der Grabstätte hätten jeweils nur zwei Professoren der Wittenberger Universität gewußt.

Der Ursprung dieser Legende bleibt weithin im Dunkel. Im 16. Jahrhundert wird ihrer mit keinem Worte gedacht. Den Hintergrund bilden möglicherweise Drohungen kaiserlicher Heerführer, über die Melanchthon in einem Briefe an Cruciger, Stigel und Kestner vom Januar 1547 berichtete. Lateranus, ein Führer der spanischen Truppen, von Melanchthon als Nachahmer der Hunnen bezeichnet, habe gesagt, wenn sie unsere Stadt eingenommen hätten, würden sie den Leichnam Luthers aus dem Grabe reißen und den Hunden zum Fraße vorwerfen. Ernstzunehmen war eine solche Drohung allemal, da ungarische und spanische kaiserliche Truppen, die bis Ende 1546 um Wittenberg streiften, große Grausamkeiten verübten, wie Melanchthon selbst wiederholt beklagte. Berichtet wird in diesem Zusammenhang auch folgende, jedoch durch Quellen nicht belegte Begebenheit. Als Kaiser Karl V. von der Stadtkirche zur Schloßkirche weitergeritten war, seien zwei spanische Offiziere vor dem Cranachalter in der Stadtkirche stehengeblieben. Als sie erfuhren, daß der in der Predella des Altars dargestellte Prediger Luther sei, habe einer voller Wut dieses

Kaiser Karl V. am Grabe Luthers, Gemälde von Adolf Friedrich Teichs, 1845

Kaiser Karl V. am Grabe Luthers

Bild zweimal mit einem Degen durchbohrt und ausgerufen: »Diese Bestie wütet auch im Tode noch.« Ein heute noch zu sehender retuschierter Fleck am Hals des Reformators soll von einem der Degenstiche herrühren.

Nicht auszuschließen ist eine Verbindung der Legende vom Wegschaffen von Luthers Leichnam mit einer anderen, von Luthers Gegnern schon zu dessen Lebzeiten in die Welt gesetzten Verleumdung. 1545 erhielt der Reformator Kenntnis von der Schrift eines »erbärmlichen Scheißpfaff« über seinen angeblichen Tod, die er mit einem beißenden Vorwort herausgab. In ihr wurde behauptet, Luther habe, als er dem Tode ins Auge sah, gefordert, man solle seinen Leib auf einen Altar setzen und als einen Gott anbeten. Als sein Leichnam schließlich begraben worden sei, wäre ein »schrecklich Rumor und Getümmel« entstanden. Als man am nächsten Tage nach erneutem Rumoren das Grab geöffnet habe, sei sein Leib verschwunden, dafür jedoch schwefliger Gestank wahrzunehmen gewesen.

1586 ist unmittelbar neben Luther der Professor Wesenbeck beigesetzt worden. Die Grabinschrift geht mit Selbstverständlichkeit davon aus, daß Luthers Gebeine am ursprünglichen Platze liegen: »Er *(Wesenbeck - V.J.)* ist hier zu den Häupten des ehrwürdigen Vaters Luther gelegt worden.«[62] Auch im 17. Jahrhundert ist die Legende nirgendwo schriftlich fixiert. Ein Dokument aus dem Jahre 1697 verweist jedoch auf eine weitere Möglichkeit ihrer Entstehung. In diesem Jahre zirkulierte unter dem Meißnischen Adel ein gegen die Jesuiten gerichtetes Pamphlet folgenden Inhalts. Während der Reformation hätten Anhänger des Papstes heimlich einen großen Kirchenschatz am Chor der Hauptkirche zu Wittenberg vergraben. Alle fünf Jahre seien von Rom und Prag vier Geistliche in weltlicher Kleidung nach Wittenberg gesandt worden, um sich heimlich von der Unversehrtheit dieses Schatzes zu überzeugen. Jetzt sei von Rom der Befehl erteilt worden, diesen Schatz zu heben und heimlich nach Rom zu bringen. Weiter heißt es, daß am 11. Januar 1669 in Rom dekretiert worden sei, irgendeinen Leichnam aus einer Wittenberger Kirche zu stehlen, nach Rom zu bringen und dort als Leichnam Luthers zu verbrennen und die Asche aus Mörsern in die Luft verstreuen zu lassen. Dadurch sollten die Lutheranhänger eingeschüchtert und zur Rückkehr zur römischen Kirche bewegt werden. Dieser Befehl sollte, so der Bericht von 1697, jetzt mit der Hebung des vermeintlichen Kirchenschatzes zusammen ausgeführt werden. Es ist festzustellen, daß dieser Bericht nach Lage der Dinge keinerlei realen Hintergrund hat, sondern als das Produkt der paranoiden Phantasie verängstigter orthodoxer Lutheraner gelten muß.

Erstmals berichtet der Rektor der Wittenberger Universität und Theologe Johann Georg Neumann im Jahre 1707 in einer Rede vor der Universität über die Legende, die er für »eine alte, bis auf uns verpflanzte Sage«[63] hielt. Es herrsche die allgemeine Überzeugung, daß die wirkliche Grabstätte des Reformators nicht bekannt sei, und daß sich in der Schloßkirche nur ein leeres Grab befinde. Er, Neumann, sei von solchen Zweifeln nicht frei gewesen, weshalb er sich nun an den Dekan der Theologischen Fakultät, Konrad Schurzfleisch, um Hilfe wende. Damit meinte er wohl die bis dato von der Universität verweigerte Öffnung des Grabes Luthers. Schurzfleisch antwortete mit einem Briefe. Er selbst kenne auch keine Quellen. Jedoch habe ihm der Kreisrichter Spohr versichert, aus dem Munde von Herzog Johann Georg II. selbst gehört zu haben, daß die Leiche Luthers während des Schmalkaldischen Krieges von dem Schloßhauptmann selbst in ein benachbartes Dorf gebracht und dort beigesetzt worden sei. Schurzfleisch selbst jedoch zweifelte diese Darstellung an, da Spohr schwerhörig sei. 1722 schließlich teilte der vom katholischen zum lutherischen Glauben konvertierte Pfarrer Martin Nikolaus Grinser folgendes mit. Im Juli des Jahres 1707 habe der Schwedenkönig Karl XII. während des Nordischen Krieges Luthers Grabstätte in der Schloßkirche besucht und im Sarge die Gebeine des Reformators unversehrt vorgefunden. Damit, so habe der Schwedenkönig gesagt, sei die katholische Mär, Luthers Leiche sei vom Teufel aus dem Grabe geholt worden, widerlegt. Der offensichtlich apologetische Bericht Grinsers wurde sofort von den Wittenberger Professoren Karl Gottlob Hofmann und Johann Wilhelm von Berger dementiert. Berger selbst sei seinerzeit zusammen mit dem inzwischen verstorbenen Johann Georg Neumann im Gefolge des Schwedenkönigs gewesen und er bezeuge, daß dieser Luthers Grabstätte lediglich besichtigt habe. Andererseits jedoch gab Hofmann der Legende selbst wieder Nahrung, indem er mitteilte, ein Maurer habe bei Arbeiten an dem neben Luthers Grabe gelegenen Grabe Neumanns Luthers Sarg teilweise freigelegt, in diesen hineingegriffen, jedoch nichts von einem Leichnam gefühlt. Hofmann habe darauf dem Maurer geantwortet: »Von einem Sarge aus läßt sich noch nicht auf die Leiche schließen.«[64]

Im Zuge des Umbaus der Schloßkirche zu Ende des 19. Jahrhunderts erhielt die Legende neue Nahrung. Diesmal wollte das Gerücht sogar wissen, Luthers Leichnam sei verbrannt und in die Elbe gestreut worden. Diese Gerüchte, verbunden mit der Bitte um Genehmigung zur Öffnung des Grabes Luthers, drangen auch an das Ohr Kaiser Wilhelms I., der das Ansinnen jedoch ausdrücklich zurückwies. 1892 jedoch wurde eine neue Kommission beauftragt, die Untersuchung des Grabes doch vorzunehmen. Gewißheit brachte dann eine am 14. Februar 1892 erfolgte Grabung durch zwei Bausachverständige. In einer Tiefe von etwa zwei Metern stießen sie auf den Sarg Luthers. Da dieser an mehreren Stellen eingebrochen war, konnte man die noch relativ gut erhaltenen Gebeine Luthers erkennen. Damit stand fest, daß die Schloßkirche in der Tat die letzte Ruhestätte der sterblichen Überreste des Reformators ist.

Sein Geist jedoch lebt und wirkt weiter, wenngleich zumeist wohl nicht in seinen ursprünglichen Intentionen, sondern durch eine fast fünfhundertjährige Wirkungsgeschichte vielfältig gebrochen und reflektiert. Auch in den Sagen, Legenden und Anekdoten um Luther kann man einige Elemente tradierter und immer wieder veränderter »Lutherbilder« wahrnehmen. Zuweilen verzeichneten die Legenden die historischen Realitäten, zuweilen ersetzten sie sie gar. Aber wenn man auch in den Überlieferungen der Völker den »Geist Gottes« zu erkennen vermag, wird man solche Anekdoten und Sagen wohl nicht zu unrecht als eigenständige und berechtigte geschichtliche »Wirklichkeit« würdigen können. Wenn es nicht so gewesen war, so hätte es doch immerhin so gewesen sein können.

SOLLTEN Sie, liebe Leser, Interesse haben, die Schauplätze der in diesem Buch geschilderten Begebenheiten wie Stadtkirche, Schloßkirche, Rathaus und historische Wittenberger Bürgerhäuser – z.B. der Malerfamilie Cranach – zu besichtigen, so besuchen Sie den traditionsreichen Ursprungsort der Reformation. Wer sich anhand wertvoller Originaldokumente über Leben und Wirken Martin Luthers und seiner Freunde informieren möchte, dem sei ein Besuch im Wohnhaus des Reformators, der Lutherhalle, empfohlen, das seit 1883 das größte reformationsgeschichtliche Museum der Welt beherbergt.

Anschrift:
Lutherhalle Wittenberg
Collegienstraße 54
Postfach 19
O-4600 Lutherstadt Wittenberg

Öffnungszeiten:
1. April bis 30. Oktober: 9.00-18.00 Uhr
1. November bis 31. März: 10.00-17.00 Uhr
Montags ist das Museum geschlossen.

ANHANG

Abgekürzt zitierte Literatur

WA D. Martin Luthers Werke. Kritische Gesamtausgabe, Bd. 1-63 ff., Weimar 1883-1987 ff.
WABi Ebenda, Die deutsche Bibel, Bd. 1-12, Weimar 1906- 1961
WABr Ebenda, Briefwechsel, Bd. 1-18, Weimar 1930-1985
WATR Ebenda, Tischreden, Bd. 1-6, Weimar 1912-1921

Anmerkungen

1 WATR 2, S. 669, 11-13
2 WA 54, S. 186, 3-9
3 WATR 3, S. 228, 22f.
4 WATR 2, S. 509, 24
5 Zit. in: Kroker, Ernst: Tetzel und die Beraubung seines Ablaßkastens. In: Ders.: Aufsätze zur Leipziger Stadtgeschichte und Reformationsgeschichte, Leipzig 1929, S. 74 f.
6 Boehmer, Heinrich: Der junge Luther, Gotha 1925, S. 174
7 WA 30,3, S. 387, 6-10 u. 18-22
8 WATR 1, S. 214, 11-14
9 WABi 11,2, S.88, 16-20
10 Zit. in: Knolle, Theodor: Der Prototyp des Lutherbildes mit dem Schwan. In: Forschungen zur Kirchengeschichte und zur christlichen Kunst. Festschrift für Johannes Ficker, Leipzig 1931, S. 239
11 Zit. in: Volz, Hans: Der Traum Friedrichs des Weisen vom Oktober 1517. In: Gutenberg-Jahrbuch, Jg. 45 (1970), Anm. 89
12 Myconius, Friedrich: Geschichte der Reformation, hg. v. O. Clemen, Leipzig 1914, Reprint Gotha 1990 (=Voigtländers Quellenbücher 68), S. 8
13 Zit. in: Knolle, Theodor: Legendäre Lutherworte. In: Luther. Mitteilungen der Luthergesellschaft, 1959, H. 3, S. 119
14 Ebenda
15 WABr 7, S. 56, 26-29
16 Mathesius, Johannes: Ausgewählte Werke, Bd. 3: Luthers Leben in Predigten, hg. v. G. Loesche, 2. verb.u.verm. Aufl., Prag 1906 (= Bibliothek Deutscher Schriftsteller aus Böhmen IX), S. 50, 6-8

17 Luther-Sagen, Wittenberger Inschriften und Wahrzeichen, hg. v. K. Taunide, Essen und Leipzig 1883, S. 19

18 SCRIPTORVM PVBLICE PROPOSITORVM á Gubernatoris studiorum in Academia VVitebergensi, Bd. 5, Wittenberg: Hans Lufft 1564, Bl. c7b

19 Meyner, A.M.: Geschichte der Stadt Wittenberg aus archivalischen und anderen zuverlässigen Quellen geschöpft und bearbeitet, Dessau 1845, S. 121

20 WATR 1, S. 205, 1

21 Zit. in: Luther, Johannes: Legenden um Luther, Berlin und Leipzig 1933 (= Greifswalder Studien zur Lutherforschung und neuzeitlichen Geistesgeschichte 9), S. 37

22 WATR 5, S. 87, 8-11

23 WATR 6, S. 219, 31

24 Ebenda, S. 219, 34 f.

25 Zit. in: Luther, Johannes a.a.O., S. 46

26 Historia von D. Johann Fausten. Neudruck des Faustbuches von 1587, hg. u. eingel. v. H. Henning, Leipzig 1979, S. 14

27 WATR 4, Nr. 4857 u. WA 49, S. 278f.

28 Historia... a.a.O., S. 121

29 Zit. in: Ebenda, S. LII

30 Neumann, Johann Georg: Curieuse Betrachtungen Des so genannten D. Faustens, Aus dem Lateinischen ins Teutsche über setzt von M. M., Dresden und Leipzig um 1700, S. 127

31 Manlius, Johannes: Loci communes..., Das ist: Herrliche Schöne Historien Allerley Selten vnnd neuwen Exempel, ... auß deß Herrn Philippi Melanchthonis ... Gesprechen vnd Tischreden..., Frankfurt/M. 1574, S. 9

32 Historia..., a.a.O., S. 134

33 Neumann, Johann Georg a.a.O., S. 149f.

34 WATR 1, S. 534, 20- S. 535, 3

35 WATR 3, S. 445, 13-18

36 Schmidt, Erich: Faust und Luther. In: Sitzungsberichte der Königlichen Preußischen Akademie der Wissenschaften zu Berlin, Jg. 25 (1896), T.1, S. 569

37 Volkserzählung und Reformation. Ein Handbuch zur Tradierung und Funktion von Erzählstoffen und Erzählliteratur im Protestantismus, hg. v. W. Brückner, Berlin (West) 1974, S. 263

38 Zit. in: Luther, Johannes a.a.O., S. 34

39 WATR 3, S. 344, 22-25; vgl. Knolle, Theodor: Legendäre Lutherworte, a.a.O., S. 114-120
40 Zit. in: Wolff, Eugen: Faust und Luther. Ein Beitrag zur Entstehung der Faust-Dichtung, Halle 1912, S. 81
41 WABr 9, S. 168, 5f. u. S. 174, 4f.
42 WATR 3, S. 338, 6-9 u. 20-22
43 WATR 2, S. 613, 11-14
44 WATR 1, S. 107, 14f.
45 WATR 2, S. 567, 15f. u. 32f.
46 Zit. in: Wolff, Eugen a.a.O., S. 83
47 WATR 6, S. 147, 23-27
48 Förstemann, Karl Eduard: Mittheilungen aus den Wittenberger Kämmerei-Rechnungen in der ersten Hälfte des sechszehnten Jahrhunderts. In: Neue Mitteilungen aus dem Gebiete historisch-antiquarischer Forschung 3 (1836), S. 113
49 Ebenda, S. 114
50 Ebenda, S. 117
51 WATR 3, S. 290, 20-25
52 WATR 1, S. 323, 18
53 Zit. in: Burkhardt, C.A.H.: Der historische Hans Kohlhase und Heinrich von Kleist's Michael Kohlhaas. Nach neu aufgefundenen Quellen dargestellt, Leipzig 1864, S. 22
54 Zit. in: Ebenda, S. 30
55 Zit. in: Ebenda
56 Zit. in: Ebenda, S. 46
57 WATR 4, S. 128, 28-30
58 WABr 8, S. 379, 17-19
59 Zit. in: Burkhardt a.a.O., S. 59
60 Zit. in: Ebenda
61 Zit. in: Junghans, Helmar: Kaiser Karl V. am Grabe Martin Luthers in der Schloßkirche zu Wittenberg. In: Lutherjahrbuch, Jg. 54 (1987), S. 111 f.
62 Zit. in: Wagner, H.: Die Schloßkirche zu Wittenberg in Vergangenheit und Gegenwart, Wittenberg 1892, S. 40
63 Zit. in: Freninger, F.X.: Die Sage von dem Verschwinden der Leiche Dr. Martin Luthers zu Ende des Schmalkalder Krieges, auf's Neue an das Licht gezogen und erörtert von einem Geschichtsfreunde, München 1883, S. 2
64 Zit. in: Ebenda, S. 8

Zusätzliche Literatur (Auswahl)

Aland, Kurt: Die 95 Thesen Martin Luthers und die Anfänge der Reformation, Gütersloh 1983 (= Gütersloher Taschenbücher Siebenstern 1404)

Allwohn, Adolf: Luther und der Alkohol, Berlin 1929

Brecht, Martin: Martin Luther, 3 Bde., Stuttgart 1981-1987

Documenta Mag. Joannis Hus vitam, doctrinam, causam in Constantiensi consilio actam et controversias de religione in Bohemia annis 1403-1418 Motas, hg. v. F. Palacky, Prag 1869

Der Durchbruch der reformatorischen Erkenntnis bei Luther. Neuere Untersuchungen, hg. v. B. **Lohse,** Stuttgart 1988 (= Veröffentlichungen des Instituts für Europäische Geschichte Mainz, Abt. Religionsgeschichte, Beiheft 25)

Ebruy, Fritz: Lutherdarstellungen aus fünf Jahrhunderten in den Luthergedenkstätten zu Eisleben, 1984

Gensichen, Hans-Peter: »Ein Baum von dem man Schatten hat...« - Die Luthereiche. In: Wittenberg. Wegweiser durch Stadt und Umgebung, hg. v. J. Bielig, Wetzlar 1990, S. 77-81

Grössler, H.: Der Schwan auf den Lutherdenkmünzen und das Schwanenpult Luthers im Luther-Geburtshause zu Eisleben. In: Mansfelder Blätter 18 (1904), S. 1-10

Gruppe, Heidemarie: Katalog der Luther- und Reformationssagen des 19. Jahrhunderts. In: Volkserzählung... a.a.O., S. 295-324

Hauffen, Adolf: Huß eine Gans – Luther ein Schwan. In: Untersuchungen und Quellen zur Germanischen und Romanischen Philologie, T. 2, Prag 1908 (= Prager deutsche Studien 9)

Hertslet, William Lewis u. **Hofmann**, Winfried: Der Treppenwitz der Weltgeschichte. Geschichtliche Irrtümer, Entstellungen und Erfindungen, 13. neubearb. Aufl., Berlin, Wien 1984, bes. S. 107 f.

Heubner, Heinrich: Die Geschichte des Luthersbrunnens. In: Wittenberger Rundblick 1957, H. 4, S. 84-90

Joestel, Volkmar: Doktor Faustus, Wittenberg und Martin Luther – Zum 400. Jahrestag des Erscheinens des Volksbuches vom Dr. Faust. In: Schriftenreihe der Staatlichen Lutherhalle Wittenberg, H. 3 (1987), S. 5-14

Jordan, Julius: Aus der Lutherhalle. In: Lutherjahrbuch Jg. 3 (1921), S. 109-135

Junghans, Helmar: Der junge Luther und die Humanisten, Weimar 1984, S. 288-318

Köstlin, Julius: Luthers Grabstätte. In: Theologische Studien und Kritiken 4 (1897), S. 192-194
Kügler, Hermann: Die Sagen vom Grafen von Hacke und von Hakes Überfall auf Tetzel. In: Mitteilungen des Vereins für die Geschichte Berlins, Jg. 43 (1926), S. 79-86 u. 112
Oberman, Heiko A.: Wir sein pettler. Hoc est verum. Bund und Gnade in der Theologie des Mittelalters und der Reformation. In: Zeitschrift für Kirchengeschichte 78 (1967), S. 232-252, bes. S. 235-241
Perger, A. Ritter von: Deutsche Pflanzensagen, Stuttgart und Öhringen 1864, bes. S. 317
Reich, Karin: Die Beziehungen Martin Luthers zu Michael Stifel (Sonderdruck aus: Esslinger Studien. Zeitschrift 29, 1990)
Richter, Burkhart: Wittenberger Röhrwasser - ein technisches Denkmal aus dem 16. Jahrhundert sowie Wasserversorgung Wittenbergs von früher bis heute, Wittenberg 1991 (= Schriftenreihe des Stadtgeschichtlichen Zentrums Wittenberg 13)
Saxenberger, Otto: Dr. M. Luther, ein Freund der belebten Natur. Beilage zum Jahresbericht der evangelischen Realschule I, Breslau 1900
Schmidt, Alfred: Die Schloßkirche zu Wittenberg, Wittenberg 1914
Scribner, Bob: Luther-Legenden des 16. Jahrhunderts. In: Martin Luther. Leben, Werk, Wirkung, hg. v. G. Vogler in Zusammenarbeit mit S. Hoyer u. A. Laube, Berlin 1983, S. 377-390
Senf, Max: 400 Jahre Geschichte des Gasthofs »Zum Goldenen Adler« in der Lutherstadt Wittenberg, Wittenberg 1924
Tworke, Kurt: Zum 125. Geburtstag der Luthereiche. In: Wittenberger Rundblick 1955, H. 1, S. 12
Voigt, H. G.: Luthers Wittenberger Turm. In: Zeitschrift des Vereins für Kirchengeschichte der Provinz Sachsen 26 (1930), S. 1-12
Weigelt, Horst: Luthers Beziehungen zu Kaspar von Schwenckfeld, Johannes Campanus und Michael Stiefel. In: Leben und Werk Martin Luthers von 1526 bis 1546, 2 Bde., im Auftrag des Theologischen Arbeitskreises für Reformationsgeschichtliche Forschung hg. v. H. Junghans, Göttingen 1983, Bd. 1, S. 473-480
Witte, L.: Die Erneuerung der Wittenberger Schloßkirche. Eine That evangelischen Bekenntnisses, Wittenberg 1893
Zitzlaff, Ernst Adolf: Die Begräbnisstätten Wittenbergs und ihre Denkmäler, Wittenberg 1896

SCHELZKY & JEEP BERLIN